火災調査書類作成例

火災種別ごとにみる

調査実務研究会 編著

東京法令出版

目次

🔍 序章

はじめに ……………………………………………………………………… 3
1　火災調査のポイント ………………………………………………… 5
2　火災調査書類の種類 ………………………………………………… 12
3　火災調査書類の処理区分 …………………………………………… 13

🔍 第1章　建物火災の火災調査書類

事例1　ぼや火災 ……………………………………………………… 17
火災調査書 …………………………………………………………… 18
火災原因判定書 ……………………………………………………… 22
消防用設備等の状況 ………………………………………………… 33
火災状況見分調書 …………………………………………………… 34
実況見分調書（第1回）……………………………………………… 40
実況見分調書（第2回）……………………………………………… 56
質問調書（第1回）…………………………………………………… 64
試験結果書 …………………………………………………………… 72
建物・収容物損害明細書 …………………………………………… 76

事例2　スプレー缶火災 ……………………………………………… 77
火災調査書 …………………………………………………………… 78
火災原因判定書 ……………………………………………………… 82
消防用設備等の状況 ………………………………………………… 85
実況見分調書（第1回）……………………………………………… 86
質問調書（第1回）…………………………………………………… 94
建物・収容物損害明細書 …………………………………………… 98

事例3　たばこ火災 …………………………………………………… 99
火災調査書 …………………………………………………………… 100
火災原因判定書 ……………………………………………………… 102
実況見分調書（第1回）……………………………………………… 104

Contents

事例4　こんろ火災 …………………………………………………… 119
- 火災調査書 ……………………………………………………………… 120
- 火災原因判定書 ………………………………………………………… 122
- 実況見分調書（第1回）………………………………………………… 127
- 質問調書（第1回）……………………………………………………… 141

事例5　専用住宅の全焼火災 …………………………………………… 143
- 火災原因判定書 ………………………………………………………… 144
- 実況見分調書（第1回）………………………………………………… 149

🔍第2章　車両火災の火災調査書類

事例1　車両火災 ………………………………………………………… 183
- 火災原因判定書 ………………………………………………………… 184
- 実況見分調書（第1回）………………………………………………… 187
- 実況見分調書（第2回）………………………………………………… 190

事例2　オートバイ火災① ……………………………………………… 196
- 火災調査書 ……………………………………………………………… 197
- 火災原因判定書 ………………………………………………………… 199
- 実況見分調書（第1回）………………………………………………… 202
- 実況見分調書（第2回）………………………………………………… 208

事例3　オートバイ火災② ……………………………………………… 216
- 火災原因判定書 ………………………………………………………… 217
- 実況見分調書（第1回）………………………………………………… 220
- 実況見分調書（第2回）………………………………………………… 222

🔍第3章　その他の火災の火災調査書類

事例1　ごみ置場の放火火災 …………………………………………… 225
- 火災原因判定書 ………………………………………………………… 226
- 質問調書（第1回）……………………………………………………… 228
- 質問調書（第2回）……………………………………………………… 230

事例2　路上ごみ置場火災 ……………………………………………… 232
- 火災原因判定書 ………………………………………………………… 233
- 実況見分調書（第1回）………………………………………………… 235

Contents

事例3　オーブントースター火災 ･････････････････････ 236
　火災原因判定書 ････････････････････････････････ 237
　実況見分調書（第1回） ･･･････････････････････････ 239
事例4　こんろ火災 ････････････････････････････････ 242
　実況見分調書（第1回） ･･･････････････････････････ 243

🔍 資　料
　物の数え方について ･････････････････････････････ 249

序　章

はじめに

　消防法第7章では、火災の調査業務を消防機関の責務として定めており、我々消防職員は火災の予防、火災の警戒、消火の活動、救急業務等とともに、この火災の調査を実施しています。

　これらの消防機関に係る業務の中で、火災の鎮火後にり災者から「り災証明」を求めてくること以外の火災調査そのものは、住民からの申請や要請に基づくわけではなく、他の業務と比較して、消防側が火災の原因、損害の程度、消防用設備の作動状況、死傷者の発生状況等を明らかにするためにアクションを起こし、住民の財産（焼損物件等）を調査するほか、住民の供述を求めることが必要になります。

　そして、この調査対象（建物・車両・その他の物件）の関係者や供述を求める対象者は、火元の占有者・管理者・所有者ばかりでなく、類焼した対象物の関係者のほか、通行人や付近住民等の火災通報者、初期消火者等の善意の第三者にも任意性を担保しながら協力を求めて火災調査を実施する必要性も多くあります。

　このように、消防側が説明をすることが主になるほか、火災調査で作成する書類の種類とその量は、他の業務の比較になりません。

　また、火災は同じ現場で起こることはほとんどなく、仮に同じ現場であっても焼損の範囲や焼損物件、焼損状況が違ってくるほか、火災に至る経過に同じことがないため、火災現場での実況見分では過去の経験より、焼けの強弱から焼けの方向性を見極めて出火箇所の特定をすることができますが、書類の作成となると現場が違うことで過去の経験を生かしにくく、苦労されているのではないでしょうか。

　そこで、「月刊消防」の読者の投書をはじめ、東京法令出版株式会社のご担当者が各消防本部に出向いて実施したヒアリングの結果、火災調査の経験の少ない消防職員から数多くの要望がありました、火災調査書類の実例を挙げることとなりました。

　火災調査で苦労している消防職員の要望を受けて、実例火災調査書類の説明をさせていただく機会を与えていただき、本書を出版できることに感謝申し上げますとともに、火災調査業務を担当されている消防職員、特に火災調査書類の作成で苦労されている皆様のために参考になることを願います。

　本書の火災事例はあくまでも一例であり、この例文をそのまま他の火災に引用することはふさわしくない場合もありますので、これが全てではないことをご理解いただきたいと思います。

　例えば、消防本部ごとに使用している火災調査書類の様式も違いますし、記載する項目、表現方法（言い回し）等は各消防本部で伝承されていることもあると思いますので、各火災調査書類で必要な書類の作成目的と記載する項目についての事例を参考にしてくださ

い。

　本書では事例を中心にしていますので、火災調査書類ごとの作成目的、記載項目については、東京法令出版株式会社発行の「事例でわかる　火災調査書類の書き方」を参考にしてください。

　近年、火災調査書類は消防機関だけのものではなく、刑事裁判の証拠資料として使用されるほか、火災の原因に係る過失の有無や出火箇所の責任問題について、当事者間の争点となり、弁護士会からの照会や開示請求が増加するなど、外部に出る書類であることを考慮して作成する必要も出てきていますので、火災調査担当者だけでなく、組織を挙げて火災調査書類の重要性について再認識する必要があるのではないでしょうか。

　なお、本書で取り上げている火災調査書類の例は、「月刊消防」の読者から質問があった事例を主にしていますが、理解しやすくするために若干のアレンジを加えているほか、個人に関する情報などを一部フィクションとさせていただいていますので、ご了承ください。

火災調査のポイント

❶ 実況見分の際のポイント

実況見分の前にやっておきたいこと

　火災の調査は、消防法第31条に「消防長又は消防署長は、消火活動をなすとともに火災の原因並びに火災及び消火のために受けた損害の調査に着手しなければならない」とあるとおり、消火活動と並行して原因及び損害の調査に着手します。そうすると火災鎮火後の実況見分開始時には、関係者（発見者・通報者・初期消火者・火気取扱者・占有者・管理者・所有者等）の供述、消防機関の覚知の状況、先着消防隊の現場到着時の状況、火災防ぎょ活動時の状況、現場で負傷した関係者の救急搬送中に救急隊員が録取した情報等から、当該火災の原因調査に係るポイントや出火箇所がある程度絞れるかと思います。また、実況見分は、消防機関が単独で実施するものではなく、捜査機関などとの調整や鎮火の時間にもよりますが、翌日の午前9時頃から実施されることが多いのではないでしょうか。

　そこで、時間的に余裕のあるときは、出火箇所を特定する見分（正式な見分でなく、焼損状況から焼けの方向性を見分する。）を実施するとともに、関係者の供述、火災防ぎょ活動を実施した消防隊員などからの報告を整理して、出火箇所のほか、考えられる発火源等を全て書き出しておきます。そうしておいてもなお、実況見分実施中に発火源の可能性があるものを発掘することもあります。

捜査機関との情報交換と市民への配慮

　炎上火災などで防ぎょ活動に時間を要するとき、火元の占有者や火気取扱者などの関係者に警察署へ出向してもらい、捜査機関が独自に質問を聴取することもあります。

　このような場合は、実況見分を始める前に捜査機関と情報交換を実施して共通認識を持つことが大切です。

　この情報交換で消防側は、捜査機関が保有していない、119番通報の内容、最先着隊の現場到着時の状況、防ぎょ活動中に移動させた収容物などの情報を捜査機関に説明しなければなりません。

　特に、注水遅れ、開口部の早期破壊、現場活動中に認めた油脂類（活動中に移動したものは特に重要）などの状況は、焼けの強弱、焼けの方向性から出火箇所を特定する際に非常に重要なことであり、このようなことを知らずに、仮に捜査機関が実況見分を始めてしまうと、誤解を招くほか、消防機関の信頼を失うことにもなるからです。

　そして、捜査機関からは、捜査機関が関係者から録取した供述の内容のほか、必要により、居住者（家族）の状況、火元者が単身で死亡している場合や負傷して供述ができないなどの場合は、勤務先、親族等の連絡先など捜査機関が持っている情報を確認します。

このような捜査機関との情報交換は、情報を提供する側の市民にとってもその負担を軽減することにもつながります。

　捜査機関と消防機関では火災調査に対する目的が異なるので、違う角度で火災に関係する市民の供述を求めることがあります。必要があれば捜査機関と同じ内容の質問を繰り返すことになるため、火災原因調査に協力してもらう前にそれを誠実に説明し、理解してもらう配慮が大切です。

先入観を持たない

　火災調査、特に実況見分に際して、私は「先入観を持つな」と指導するのですが、それは何の根拠もない自分の勘や思い込みの先入観を言っているのであり、根拠があれば、ある程度そのことを頭に入れて現場を見分することも必要です。その方が時間を有効に使えますし、肝心な箇所の見分が疎かになったり、見落しを防ぐことにもつながります。

「丁寧な見分」とは？

　大きな建物が焼損した場合、全てを詳細に見分するには時間もかかるので肝心な箇所にきたときに、疲れ果てて満足な見分ができないこともあります。

　例えば、防火構造2階建、建築面積50平方メートル、延べ面積100平方メートルの専用住宅において、現場の状況や関係者の供述内容等から1階部分から出火した様相を呈しているような現場において、2階の一部と小屋組までが焼け落ちたような火災の場合、瓦、小屋組材、2階の収容物（立会人からの説明で明らかに2階の収容物と判断できるもの）、2階の床材（畳敷の場合は畳を含む。）、1階の天井材等を丁寧に見分しながら取り除いていたのでは、時間がいくらあっても足りません。

　ただし、ここで注意することは、「1階のもの以外は、丁寧に見分しながら取り除く必要がない」と隊員に説明すると、取り除く際に1階の収容物まで移動させるような勢いで作業してしまうことです。丁寧に見分する必要はないものの、取り除くときは他のものを移動させないように丁寧に作業することを徹底しなければなりません。

　このように1階と2階のほか、同一階の台所と居室、台所と廊下等の場所に対してのポイントのほか、収容物、例えば台所内のガステーブルの部品や台所内の収容部、居室内の家電製品及び器具付きコードや延長コードなどの電気配線等の「物」についてのポイントを実況見分実施前に各隊員に徹底することが重要になります。

■共同住宅の火災における実況見分において、説明不足から失敗した事例

　防火構造2階建の共同住宅で、1階部分の約半分と2階部分を焼損した火災現場での出火箇所を判定する際のことです。焼けの状況から出火箇所を1階屋内中央に位置している共用廊下の一番奥か、廊下一番奥の部屋（6畳一間の空き部屋）なのか、捜査機関と意見が分かれました。私どもは、当該部屋内の焼きが著しいのは空き部屋としては収容物が多いことと、2方向に肘掛窓があり、いずれもガラスが割れていたこ

とから空気の流入により焼きが著しくなったもので、全体の焼けの方向性からも廊下の一番奥であると考えていました。

　そこで、捜査機関と相談して当該空き部屋のドアノブを見分し、施錠状況を確認することになりました。屋根瓦のほか2階の収容物、畳、1階の天井材等が堆積している中から複数の隊員（捜査機関と合同）でドアノブを探しましたが見つけることはできませんでした。このときは、私どもの説明で廊下の奥が出火箇所として、その後の火災調査を実施しましたが、後日、ある隊員から、「あの現場は配置図の補助をした後にあの場所にきたので、あの時にドアノブを探しているとは知らず、床を出すために焼き残存物を取り除いていると思っていましたので、ドアノブはそのまま他の焼き残存物とともに移動させました」と報告があったのです。

　職業人として言い訳はできませんが、このときは出火箇所の判定だったので他の方法によっても判定も可能でしたが、これが発火源の場合、取り返しのつかないことになっていました。

　この事例から、情報の共有とその場その場で指示をすることが必要であるとともに、そのことが全職員に行きわたっているかを確認する重要性を思い知らされました。

❷ 火災調査の関係書類を作成する上でのポイント

　火災調査書類を作成する際には、火災ごとに違うポイントを各調査書類に関連付けて作成することが重要になります。

　原則は、実況見分調書、質問調書、火災状況見分調書、各種資料、実験結果、鑑定結果などの客観的事実から、火災原因判定書で考察を加えて判定をして発火源を特定することは周知の事実です。本研究会でも先入観を持って現場調査や関係者の供述を録取してはいけないと説明していますが、実務的には現場調査の結果と関係者の供述等から、ある程度絞り込んで火災調査関係書類を作成されていることと思います。

　例えば、焼けの方向性から出火箇所と思われる箇所を見分したとき、畳に微小火源特有の燃え込みが認められ、付近には吸殻が山盛りの灰皿があり、占有者が酒を飲みながらたばこを吸い、そのまま寝込んだ旨の供述をしていれば、発火源は微小火源（たばこ）の可能性が高く、たばこに関連することについて、詳細に見分するとともに供述を録取するのではないでしょうか。

前述のように、発火源が「たばこ」と推定される火災について

1　実況見分

　出火箇所と推定される箇所に認められる発火源の可能性のあるものを見分するほか、たばこに関することについて、次のことに注意する必要があります。

⑴ 焼けの方向性から出火箇所と推定される箇所に微小火源特有の燃え込みが認められるか？
⑵ 床材の材質から深い燃え込みは認められないが、ほかに比較して焼けの著しい箇所があるか？
⑶ 燃え込みが認められる付近に、たばこの吸殻が認められるか？
⑷ 吸殻が認められれば、フィルターなどから銘柄が確認できるか？
⑸ 灰皿及び灰皿にある吸殻の状況
⑹ たばこの箱（何本残っているか）、ライターが認められるか？
⑺ 当該箇所以外の床などに焼け焦げが認められるか？
⑻ 燃え込みが認められる付近に、線香、蚊取線香などの微小火源が認められるか？
⑼ 畳などの床材のほか、布団や座布団などに燃え込みが認められるか？
⑽ 微小火源により着火物となる可能性の物が認められるか？
⑾ たばこの投棄により着火する可能性の物の有無は？
⑿ 着火物の残存物が認められるか？

■たばこの燃え込みの例

　吸殻の処理やくわえたばこを日常的に行うなど、たばこに関してだらしのない占有者の場合、畳やフローリングの床に、数か所の焦げ跡や燃え込みが認められることがあります。

　木造2階建の共同住宅において、2階一室から出火した際のことです。その部屋の6畳間と4.5畳間の畳に燃え込みが認められ、占有者が火災発生後姿を隠したことから、出火前の状況が分からず、所有者を立会人とした実況見分を行いました。

　6畳間と4.5畳間は同様に焼損しており、燃え込みは4.5畳間が著しく、調査員（捜査機関の捜査員も含む。）は、出火箇所でなければ、これほど燃え込まないという意見に傾いていました。しかしながら、放水の順番や可燃物の量などから、6畳間からの出火の可能性があるのではと考えていると、占有者の知人が、占有者の住む共同住宅の火災が気になり、現場に現れました。その知人に2か所の燃え込みについて確認すると、「4.5畳間の燃え込みは、1か月前に占有者が寝たばこで布団と畳を焦がし、私と2人で水を掛けましたが、しばらくすると、また煙が出てきて畳の穴が大きくなりましたので、再び水を掛けて消火したときのものです。占有者は1年前にもたばこの不始末で小火を出し、消防署に注意され、大家さんに怒られたので、このことは誰にも話をしていません」との説明があり、後日、姿を現した占有者も同様の説明を行いました。

　畳の燃え込みがあると、どうしてもその箇所が気になり、他の箇所の客観的な見分が十分に行えないこともありますので、実況見分の基本として先入観を持たず、焼けの方向性、可燃物の量、空気の流入、油脂類の有無及び消防隊の放水遅れ等を考慮し

て、客観的に見分することが重要になります。

2　質問調書

占有者、発見者、通報者、初期消火者などに関する各質問のほか、出火箇所付近で喫煙した可能性のある者などから録取する質問の例を列記しましたが、火災の状況により、質問の内容や順番が変わりますので注意してください（例えば、占有者と喫煙者が同一人の場合は、下記の例のほか占有者から録取する質問が加わりますので、質問の順番は変わってきます。）。

(1)　占有者の場合　出火箇所付近の収容物（発火源の可能性のある物）の位置
(2)　喫煙習慣について
　　ア　喫煙本数
　　イ　最後にたばこを吸った時間と場所
　　ウ　喫煙中に（たばこを持ちながら）移動したか？
　　エ　たばこの銘柄
　　オ　灰皿の位置と清掃の間隔
　　カ　灰皿に水を入れているか？
　　キ　灰皿にある吸殻の投棄方法、投棄場所
　　ク　ライターの置き場所（ライターのある場所）
(3)　家族・同居人・来訪者の喫煙習慣等（上記(2)参照）
(4)　火災前の喫煙時における飲酒の有無
(5)　飲酒有りの場合はその量（通常の量との比較）と眠気について
(6)　過去のたばこでの失敗例（焼け焦げ・灰皿内の吸殻の燻り等）
(7)　火災を知った理由

発火源が「こんろ」と推定される火災について
（簡易こんろを除いています。）

1　実況見分

出火箇所と推定される箇所に認められる発火源の可能性のあるものを見分するほか、こんろに関することについて、次のことに注意する必要があります。

(1)　こんろの燃料の確認（ガス、電気）
　　　ここでは、ガスを燃料としている場合について説明します。
(2)　こんろ（グリル）の使用状況の確認
　　ア　出火前にガスが供給されていたか？
　　　　都市ガスメーター、プロパンガスボンベを確認するか、占有者に確認する。
　　　　ガス料金の未払い等により、ガス会社から供給を停止されていることがあります。

イ　ガスこんろ（ガステーブル）までのガス供給（経路）の確認
　　　　　都市ガスのコック、プロパンガスボンベのバルブ、ガスの元栓、室内配管の接続
　(3)　全てのこんろの確認
　　　一口のこんろか？
　　　ガステーブルで何口こんろがあるか？
　　　グリル付きか？
　(4)　全ての点火スイッチ、火力調整ツマミ等の位置
　　　焼失、溶融していれば、分解して確認
　(5)　こんろ上の状況（グリル内の状況）
　　　何が乗せられているか？（何が入っているか、グリル内部の状況）
　(6)　こんろ上に認められる物の状況
　　　フライパン、鍋、天ぷら鍋等の中の状況
　(7)　こんろ上に認められる物の中の状況（グリル内に認められる物の状況）
　　　中に油が認められれば、その量
　　　中に焼損物が認められれば、その状況と焼損物そのものの確認
　(8)　こんろ（ガステーブル）本体の確認
　　　メーカー、型式
　(9)　こんろ（ガステーブル）本体の分解確認
　　　こんろの放置等の使用方法ではなく、こんろ本体に原因があると推定される場合は、メーカーに立ち会いを許可するなどして、分解確認をします。
　(10)　使用方法が異なっていた場合の確認と実験
　　　バーナーヘッドを外したまま使用したなど、部品を外したまま使用した場合は、その確認と実験を実施することも必要です。

2　質問調書

　占有者、発見者、通報者、初期消火者などに関する各質問のほか、出火前にこんろを使用していた者、こんろを使用した可能性のある者、こんろについて状況の分かる者などから録取する質問の例を列記しましたが、火災の状況により、質問の内容や順番が変わりますので注意してください（例えば、占有者とこんろを使用していた者が同一人の場合は、下記の例のほか占有者から録取する質問が加わりますので、質問の順番は変わってきます。）。
　(1)　こんろ（ガステーブル、システムキッチン等）について
　　　こんろ本体に異常がある場合（社告が出ている場合なども含みます。）は、必要により、購入時期、メーカー、型式、購入日、購入店等を確認します。
　(2)　こんろ（ガステーブル）の使用状況について
　　ア　日常の使用状況

イ　清掃状況（グリル内は清掃状況から出火することがある。）、分解清掃の状況
　　ウ　当日の使用状況、出火前の使用状況
⑶　こんろ（グリル）の故障、修理の履歴について
⑷　こんろ（グリル）を使用する前の行動について
⑸　こんろ（グリル）を使用中の行動について
⑹　使用していたこんろ（グリル）について
　　こんろが複数ある場合
　　一度に複数のこんろを（こんろとグリルを同時に）使用していたか？
⑺　使用していたこんろの火力（火力調整つまみ等の位置）について
⑻　こんろの上にある物（グリル内の物）について
⑼　こんろ上のフライパン、鍋等の中に認められる焼損物等ついて
⑽　何の料理を作っていたか？
⑾　調理を始めた時間、調理中にその場を離れた時間、その場を離れていた時間等の時間的なこと
⑿　調理は1人で行っていたか？
⒀　調理中にその場を離れた場合は、その理由
⒁　その場を離れたときに、調理していることを覚えていたか、忘れていたか？
⒂　調理中にこんろ（グリル）に異常はなかったか？
⒃　調理中に換気扇を回していたか？
⒄　火災を知った理由

　以上はあくまでも一例であり、現場の焼損状況、関係者の供述、防ぎょ活動した消防隊員の見分状況により、そのポイントは違ってきます。
　例えば、意図的にこんろを使用中に放置した場合のように、放火の経過がある場合等は、こんろ火災のほかに、放火に起因する火災のことも調査する必要がありますので、実況見分を実施する前と質問調書を録取する前に、該当火災のポイントについて、担当者は担当者なりに考え、上司は担当者へポイントをアドバイスして、担当者はそのことをメモするなどし、実況見分の見分漏れや質問調書の録取に漏れがないようにしましょう。

　次の第1章では、建物火災の中で多発する火災の書類作成例を示しています。事例1は一番初めに示す例示であるため、一連の火災調査書類について例示・説明をしていきます。以降の例示については、省略している書類もありますのでご了承ください。
　この例示はあくまでも「例」であり、実際に書かれる内容については、ご所属の消防本部（局）ごとの規程に従い、それぞれが考察や見解を加えてご自身で考えながら作成してください。書式についても、各消防本部（局）において異なることと思いますので、ご自身のご所属のものに照らし合わせてご参照ください。

火災調査書類の種類

火災調査書類は、数種類の様式の違う書類からなり、その書類ごとに目的をもっています。

火災調査書
　火災調査書は、火災原因判定書、実況見分調書、質問調書、損害明細書等の内容を集約して一つにまとめ、火災となった対象物の統括的内容を網羅して、火災前の状況が分かるようにすることと、火災調査の結果の概要が分かるようにすること、さらには、火災報告を作成する資料として活用することを目的とします。

火災原因判定書
　火災原因判定書は、客観的事実を記載した実況見分調書等の各見分調書、火災の火元者、発見者、通報者等から録取した質問調書の内容及び鑑識、実験結果による事実に対して、消防職員としての考察を加え、火災に至った経過を合理的に記述し、その結論をまとめることを目的とします。

実況見分調書
　実況見分調書は、火災調査をその任務として実施している行政機関として、火災現場の鎮火後の客観的事実を克明に残すほか、復元等の状況を記録する証拠保存の資料で、火災の原因や火災による損害程度の基礎資料とするために作成することを目的としており、消防機関が実況見分を省略すると、ほかに、火災現場の状況を残すものがなくなってしまいます。

質問調書
　質問調書は、火災の出火前の状況、発見時の状況、対象物の経緯等、火災の原因のみならず、損害調査を実施するうえで、その状況を把握している者に質問し、その情報を録取して、火災調査の基礎資料とするために作成することを目的とします。

火災状況見分調書
　火災状況見分調書の作成は、火災現場において消防職員が見聞きしたことが、火災調査に必要と認めるときに、その客観的事実を記録し、火災調査に反映させることを目的とします。

死者調査書・負傷者調査書
　死者調査書の作成は、火災による死亡者について、死に至った経緯や要因を調査して、以後の火災による死者の発生防止に役立てることを目的とします。
　負傷者調査書も死者調査書と同様に、火災により発生した負傷者の負傷した経緯と要因を調査して、以後の火災による負傷者の発生を予防することを目的とします。

損害調査書
　火災における損害を数値化し、市民が火災の規模を理解しやすくするほか、数値化した損害の程度を各種統計に活用して火災予防広報を行います。
　損害の算出や分類は火災報告取扱要領に基づきます。

3 火災調査書類の処理区分

　本火災事例の一部で取り上げている火災調査書類の処理区分について説明します。
　この処理区分は、当研究会の一部が所属する消防本部の例ですが、火災調査に関する規程（以下「調査規程」という。）により、火災の種別、損害程度等に応じて、次の1〜3号の区分に分けて処理しています。

1　1号処理
　(1)　調査規定第○○条に定める火災
　　ア　製造物の欠陥（疑いを含む。）により出火した火災
　　イ　出火の原因の判定が困難な火災（判定が困難な火災とは、「不明火災」をいいます。）
　　ウ　その他消防長が必要と認める火災
　(2)　建物火災で半焼又は焼損床面積30平方メートル以上のもの
　(3)　負傷者の発生した火災

2　2号処理
　　1号処理以外の火災で損害が計上される火災

3　3号処理
　　1号及び2号処理以外の火災で損害が計上されない火災

　※　署長は必要に応じて、2号及び3号処理の火災を1号及び2号処理とすることができる。
　※　1号処理の火災のうち、負傷者が消防職団員の場合は2号及び3号処理とすることができる。
　　　（これは、2号、3号処理に該当する火災に出場した消防職団員が、出場途上を含めた火災現場で負傷したものを1号処理としないためです。）

　なお、この処理区分を分けた理由は、二つあります。
　一つは、火災調査の経験が少ない職員に煩雑な火災調査書類を最初から作成させると負担になることがあるので、簡略式の3号処理の火災から2号処理の火災へと徐々に経験を積み、火災調査のノウハウを習得させて技術を向上させるためです。
　もう一つは、調査技術に優れた経験豊富な職員を各消防署長が指定調査員として指名し、主に1号処理の火災を担当させることによって、不明火災をなくして調査技術を向上させるためです。

建物火災の火災調査書類

事例1 ぼや火災

・火災概要・

1　出火時刻・出火場所
　　平成○○年○○月○○日（○）○○時頃、○○市内の木造2階建専用住宅より発生
2　原　　因
　　1階居室内の電気健康マットの半断線による無炎燃焼
3　り災程度
　　電気健康マット1枚、掛け布団1枚及びパジャマ1組各々を焼損
4　関係者
　(1)　火元者……K林I子（○○歳）
　(2)　所有者……同　　上
　(3)　通報者……同　　上
　(4)　同居者……K林N子（○○歳）　長女
　　　　　　　　K林S男（○○歳）　長男
　(5)　2階部分所有者……K林R子（○○歳）　実姉
　(6)　向かいの家の住人……T田（○○歳）

・例示している火災調査書類・

- 火災調査書
- 火災原因判定書
- 消防用設備等の状況
- 火災状況見分調書
- 実況見分調書（第1回）
- 実況見分調書（第2回）
- 質問調書（第1回）
- 試験結果書
- 建物・収容物損害明細書

平成〇〇年〇〇月〇〇日

火 災 調 査 書

所　　　属　〇〇消防署
階級・氏名　消防〇〇　　〇〇　〇〇　印

覚知日時	平成〇〇年〇〇月〇〇日（〇）〇〇時〇〇分	覚知方法	１１９ （ＩＰ電話）
火災種別	建物火災　　出火日時　平成〇〇年〇〇月〇〇日（〇）〇〇時〇〇分頃		
出火場所	〇〇市〇〇区〇〇丁目〇〇番〇〇号	用　　途	専用住宅
建物名称等	Ｋ林　Ｉ子方	業　　態	
事業所名		用途地域	第１種住居地域

火元	■占有者　　□管理者　　■所有者			
	住所	〇〇市〇〇区〇〇丁目〇〇番〇〇号		
	職業	〇〇〇	氏名	Ｋ林　Ｉ子（〇〇歳）

り災程度

（火元の状況）
　木造２階建専用住宅、建築面積〇〇平方メートル、延べ面積〇〇〇平方メートルのうち、１階居室内の電気健康マット１枚、掛け布団１枚及びパジャマ１組各々焼損

（類焼の状況）
　なし

焼損棟数	全焼　　棟　半焼　　棟　部分焼　　棟　ぼや１棟　　合計１棟			
焼損面積	床面積　　　　　　㎡ 表面積　　　　　　㎡	損害額		〇〇千円
死傷者	死者　　　　　　人 負傷者　　　　　人	り災人員等	り災世帯 り災人員	１世帯 ３人

解説 火災調査書は、火災原因判定書、実況見分調書、質問調書、損害明細書等の内容を集約して一つにまとめ、火災となった対象物（建物、車両、工作物等）の総括的な内容を網羅して、火災前の状況が分かるようにすることと、火災調査の結果（原因と損害程度）の概要が分かるようにすること、さらには、火災報告を作成する資料として活用することを目的とします。

火災調査書に必要な内容は、火災原因判定書、損害明細書等に網羅されている必要があります。

気象	天候	風向	風速	気温	相対湿度	実効湿度	気象注意報等
	曇	北北東	1.6m/s	20.4℃	80.0%	67.9%	なし

原因				
	出火箇所	(1010) 居室	経過	(10) 半断線により発熱する
	発火源	(1399) その他の電気機器 (電気健康マット)	着火物	(253) ふとん、座ぶとん、寝具

(概要)
　本火災は、火元者のＫ林Ｉ子（〇〇歳）が、1階居室内のベッドに敷いた電気健康マットの折り目付近において、日常生活でツボ押し器を使用するなどの行動を繰り返したことにより、局部的な配線に負荷がかかり電気配線の素線の一部が半断線したが、そのまま使い続けたため、この部分で電気抵抗が高くなり、ジュール熱による芯線の発熱に伴い、健康マット本体及び健康マット上の掛け布団も蓄熱し無炎燃焼に至り、無炎燃焼が継続したもの。

備考

> *　**火災報告の調査項目**
> 非集計項目　報告都道府県・出火場所・火元の業態及び事業所名
> 　　　　　　火元の用途・出火箇所・火災番号（市町村用）
> 01表010行（2）火災種別
> 　　　　　　（4）～（8）出火時刻
> 　　　　　　（9）～（16）覚知時刻（入電・指令）
> 　　　　　　　　　　　指令時刻の記載はありません。
> 01表011行（33）覚知方法
> 　　　　　　（43）用途地域
> 　　　　　　（48）～（50）火元（業態・用途・防火対象物等の区分）
> 　　　　　　（51）出火箇所
> 　　　　　　（52）～（54）出火原因（発火源・経過・着火物）
> 　　　　　　（55）～（61）気象状況
> 01表012行（62）火災警報
> 　　　　　　（63）～（68）火元建物のり災前の状況
> 02表010行（1）（2）出火階数
> 　　　　　　（3）～（5）火元建物の損害状況
> 　　　　　　（6）～（11）延焼による焼損棟数・区画
> 　　　　　　（12）～（16）り災世帯数・り災人員
> 02表011行（17）～（36）死者数（人）・負傷者数（人）
> 02表012行（37）損害額合計
> 02表013行（40）（41）建物の損害状況

　以上のように、本様式は火災報告のほとんどの調査項目を網羅しており、火災調査に際して火災報告の調査漏れがないようにしています。また、火災調査書で足りない部分の防火管理の状況、消防用設備は「消防用設備等の状況」で、損害額の内訳は「建物・収容物損害明細書」で、火災防ぎょに関することは警防関係の書類で確認します。

　なお、火災報告に必要な「防火地域・特別防災区域・市街地等」は、管内のほとんどの地域で限られていることから、本様式での記入箇所は設けていません。

火災原因判定書

表記の火災について、次のとおり判定します。
出火日時　平成〇〇年〇〇月〇〇日（〇）〇〇時〇〇分頃
出火場所　〇〇市〇〇区〇〇丁目〇〇番〇〇号
火元者　職業・氏名　〇〇〇　　Ｋ林　Ｉ子
　　　　　　　平成〇〇年〇〇月〇〇日

　　　　　　　　　　　　　　所　　属　〇〇消防署
　　　　　　　　　　　　　　階級・氏名　消防〇〇　〇〇　〇〇　㊞

1　出火前の状況❶

(1)　出火建物は、昭和〇〇年〇〇月に、建売住宅を〇〇〇万円で購入し、二度の増築を経た木造2階建、建築面積〇〇平方メートル、延べ面積〇〇〇平方メートルの専用住宅で、1階は火元者のＫ林Ｉ子（〇〇歳）が所有し、Ｉ子の長女Ｎ子（〇〇歳）と長男のＳ男（〇〇歳）の1世帯3人で、2階はＩ子の姉Ｒ子（〇〇歳）が所有しているが、現在は入院中で居住者はいない。
　1、2階は各々4ＤＫの間取りで、1階北東側の4畳大の洋間は、Ｋ林Ｉ子が寝室として使用していた（添付Ｋ林Ｉ子の質問調書参照）。

(2)　出火当日、Ｋ林Ｉ子は〇〇時〇〇分頃起床し、体操や換気扇の掃除をした後、〇〇時〇〇分頃から家族3人で朝食をとり、〇〇時〇〇分にテレビを見終わった頃、焦げ臭さを感じたため、台所の電気製品を確認したが、異常はなかった。〇〇時〇〇分頃にＮ子が、〇〇時〇〇分頃にＳ男が仕事へ出掛けた際も臭いを感じていたが、その後は、台所で後片付けをしてテレビを見ていた（添付Ｋ林Ｉ子の質問調書参照）。

(3)　焼損している電気健康マット（以下「健康マット」という。）は、Ｋ林Ｉ子が〇〇月からほぼ毎日、布団に入る30分くらい前にスイッチを入れ、布団を温めるために33℃の設定にしておき、布団に入ったら27℃に下げ、翌朝起きてからスイッチを切っている。
　また、Ｉ子は就寝前に健康マット上で、週に2、3回の頻度で10分程度ツボ押し器を使用しており、出火前日の就寝前にも使用していた（添付Ｋ林Ｉ子の質問調書参照）。

解説 ❶ 出火前の状況の項を設けていない消防本部もあります。この項は、これから火災原因を判定する建物（車両や機械設備から出火した場合は、該当する車両や機械設備の状況）と関係者の火災前の行動を列記し、火災原因を判定するための根拠とすることと、火災報告に必要な調査項目を特定するもので、質問調書、り災届出等を根拠に作成します。

焼損建物や焼損車両が複数ある場合は、本項の前に「出火建物（出火車両）の判定」の項により、出火建物（出火車両）を特定してから、当該出火建物（出火車両）の「出火前の状況」の項を記載します。

＊　**火災報告の調査項目**

01表010行（1）出火場所
01表011行（48）〜（50）業態・用途・防火対象物等の区分
　　　　　　　　　　　　用途が専用住宅で業態と防火対象物の区分に該当しないこと。
01表012行（63）〜（68）工事の状況・構造・階数・建築面積・延面積（当該項目は実況見分時にも確認）
02表010行（12）〜（16）り災世帯数・り災人員
02表012行（37）〜（39）損害額（算定に必要な事項）

2　出火時刻の推定❷
　(1)　K林I子の行動等
　　ア　K林I子は、前記出火前の状況に記載のとおり、健康マットを就寝に際して使用し、〇〇時〇〇分頃に起床してスイッチを切っている。
　　イ　I子は、台所でテレビを見ていた〇〇時〇〇分頃から家の中が焦げ臭いと感じ、出勤するN子とS男に確認するも両名は焦げ臭さを感じていなかった。
　　ウ　その後、台所にいても臭いが強くなり、S男の携帯電話に電話しており、S男に電話した後、分電盤の配線用遮断器を遮断し、10メートルほど離れた、道路向かいの家のT田を呼びに行き、T田と共に異変を確認している（添付K林I子の質問調書参照）。❸
　(2)　通報状況
　　　I子は台所の電話から119番通報しようとしたが、配線用遮断器を遮断していたため通話できず、T田から電話機の子機を借りて、玄関前の道路から「K林といいます。1階が全体的に焦げ臭いです。どこかは分かりません。煙はありません」と119番通報しており、この通報を〇〇〇指令センターは〇〇時〇〇分に受信している（添付K林I子の質問調書参照）。❹
　(3)　消防隊到着時の状況
　　　偵察出場指令により出場した〇〇第1消防隊は、〇〇時〇〇分、現場に到着し、小隊長の消防〇〇M山H男が現場確認のため、建物南側の路上に至ると、煙は確認できないものの臭気を感じている。
　　　室内を確認すると、1階の天井付近に白煙を認め、1階北東側の居室を確認した際、ベッド上から白煙が立ち上っている本火災を発見している。
　　　発煙箇所を確認して、布団や衣類が直径約30センチメートルの範囲で無炎燃焼をしているのを認めており、このときに健康マットの配線コードは延長コードを介してコンセントに接続されているものの、コントロールスイッチが「切」の位置にあることを確認している（添付火災状況見分調書参照）。
　　　以上、関係者の行動、通報状況及び消防隊到着時の状況から、K林I子が家の中が焦げ臭いと感じた時には、無炎燃焼が始まり火災の様相を呈していたと考察できることから、K林I子が焦げ臭さを感じた時刻、〇〇時〇〇分頃を本火災の出火時刻と推定する。

解説 ❷ 出火時刻は、推定であり判定ではないことから「頃」を付けます。

出火時刻は、関係者（占有者、管理者、所有者、発見者、通報者、初期消火者等）の行動、通報時の状況、最先着消防隊が確認した焼損等の現場の状況から、火災報告取扱上の火災の定義に至ったと考察できる時刻を出火時刻と推定します。

事後聞知火災などでは、出火時刻が推定できずに不明になる場合もありますが、安易に不明とすることなく、プロの消防職員としてあらゆる角度から調査し、考察を加えて推定しましょう。

無炎燃焼から有炎燃焼に移行した場合は、有炎燃焼に至った時刻を出火時刻としますが、本火災のように無炎燃焼のまま有炎燃焼に至らずに消火した場合は、あらゆる角度から検討し、合理的な時刻を出火時刻とします。

❸ 各項を考察する際には、質問調書や火災状況見分調書等を引用しますが、引用の方法としては、供述をそのまま転記して引用する方法と、供述内容を要約する方法があり、どちらを用いるかは作成者が分かりやすいと思う方法でよいでしょう。ただし、要約するときは、内容が変わらないように注意することが大切です。

❹ また、質問調書、火災状況見分調書、その他の資料等に記載されていないこと、根拠が明確でないことは、引用しないようにします。

これは、火災調査書類ではない消防本部内の他の書類のことで、例えば、火災防ぎょに係る警防活動上の書類、指令課・指令センター等の通報状況や無線交信に係る書類などで、これらに記載されていることをそのまま引用するのは避けましょう。

本火災事例でいうと、2(2)の「通報状況」の項の下線部分にある通報内容についてです。「K林I子の質問調書参照」とありますが、質問調書にはこの記載がありません（P.64参照）。おそらく指令課が作成した通報状況の書類を引用したものでしょう。このように、質問調書等の火災調査に関する書類に記載されていない場合で、どうしても必要な場合は、記載されている書類を資料として添付するか、質問調書の2回目を録取します。

本火災事例では、出火時刻推定のための判断材料の一つにしていますが、この通報内容の記載がなくても出火時刻は推定できますので、引用する必要はありませんでした。火災調査書類のつながりを理解しないで、過去の火災調査書類を見ながら書類を作成すると、このようなことになりますので注意しましょう。

＊　**火災報告の調査項目**

01表010行（4）〜（16）出火時刻・覚知時刻（入電・指令）
　　　　　　　　　本火災調査書類には指令時刻を記載する欄がありませんので、警防関係の書類で確認します。

01表011行（33）覚知方法

事例1　ぼや火災

3　出火箇所の判定❺
　　実況見分調書（第1回）に記載のとおり、焼損が認められるのは、1階北東側の4畳大の洋間で、室内南東側に置かれたベッド上の寝具及び衣類だけであることから、本火災の出火箇所は、1階4畳大の洋間内のベッド上と判定する（添付出火箇所位置図（P.32）参照）。

解説 ❺ 実況見分調書、質問調書、火災状況見分調書等の内容を引用するなどして考察し、出火箇所を判定します。

本火災事例では焼損範囲が限られていることから、実況見分調書の現場の模様から必要な部分を要約しています。

火災報告上の出火箇所は、建物火災であれば火災報告取扱要領の別表第7の居室、押入、玄関、浴室等に分類しますが、本火災調査書類では、出火室と出火箇所について調査をしています。

これは、出火室だけでは、ある程度の範囲全体を示すことになりますが、発火源、着火物、経過を判定する上で、出火室のどの辺りということまでが必要になるためです。

そして、火災調査の書類上は出火室としている箇所を火災報告では「出火箇所」として計上しています。

＊ 火災報告の調査項目

01表011行（51）出火箇所

4　出火原因の判定❻
　火災状況見分調書、実況見分調書（第1回）及びK林I子の質問調書に記載のとおり、本火災は、居住者が在宅中に出火しており、窓は全て施錠されていたこと、居住者本人が火災に気付かず、室内の異常を感じて119番通報していること、出火箇所付近にたばこや線香等も認められず、3人の居住者は喫煙習慣がなく、「仏壇は長男の部屋にあるが、線香はお盆のときにしかあげない」と供述していることから、電気関係について検討する。
⑴　健康マットの使用状況等について
　K林I子の質問調書に記載のとおり、健康マットの使用状況は次のとおりである。
　ア　平成〇〇年〇〇月から約2か月間、ベッド上に広げた状態でほぼ毎日使用していた。
　イ　普段から、物を取る際に健康マット上に乗ることがあった。
　ウ　健康マット上で、週に2、3回の頻度で10分程度ツボ押し器を使用しており、出火前日の就寝前にも使用していた。
　エ　実況見分調書（第2回）に記載のとおり、健康マットカバーの白色ガーゼは、焼損箇所付近が、約45センチメートルの範囲で破れていた。
　以上の使用状況等から、日常的に焼損箇所付近には局部的な負荷が掛けられていたことが考察できる。
⑵　健康マット本体の電気配線等について
　ア　実況見分調書（第1回）に記載のとおり、健康マット本体中央付近には、露出した芯線が確認できる。
　　実況見分調書（第2回）に記載のとおり、当該芯線を中心に健康マット本体表面は直径20センチメートルの範囲で円形状に焼け、この真上の健康マットカバー、掛け布団及び衣類が炭化しており、焼損範囲が一致している。
　イ　試験結果書に記載のとおり、コントローラーの作動に異常はなく、健康マット本体にも通電が確認されている。
　ウ　実況見分調書（第2回）に記載のとおり、健康マット内部の電気配線シートは繊維状の被覆で覆われており、健康マット本体と同一箇所が1～2センチメートルの範囲で焼失し、断線した芯線が露出している。
　　断線箇所は健康マットの折れ目の部分であり、3本の素線からなる芯線も折れ曲がっており、2本の芯線に溶融痕が認められた。1本の芯線は断線している素線1本の両側に溶融痕が認められることから半断線していたことが考察できる。
　　また、1本の芯線は3本の素線がまとまり、先端1か所に球状の溶融痕が認められることから、この部分で芯線を覆っていた繊維状の被覆が焼損し、短絡したことが考察できる。

解説 ❻ 出火時刻の推定で「いつ」を推定し、出火箇所の判定で「どこで」を判定しました。次は、この項で「何が」「何を」「どうしてどうなった」、つまり、「発火源」「着火物」「経過」について、現場の客観的事実、関係者の供述内容、実験結果、鑑定・鑑識結果等から科学的かつ論理的に考察して結論を導き出します。

参考 出火原因の判定には、考えられる火源について消去法を用いて発火源を特定する方法が多いですが、客観的で科学的に証明する演繹法もあります。「消去法」「演繹法」というと難しく感じ、「難解な専門用語や難しい言葉を並べなければ」と思ってしまうこともありますが、「出火箇所に存在するあらゆる火源について、丁寧に一つひとつ記述し、誰が読んでも理解できるように、その理由を筋道立てて記述する」という気持ちで作成するように心掛けることが大切です。

本火災事例では焼損状況、現場の状況、関係者の供述から健康マットに関連する原因以外は考えにくいことから、内・外部者による放火、たばこ、線香に起因する原因については、一つひとつ取り上げて考察を加えることはせず、健康マットに絞って考察しています。

この方法は、職員の火災調査に対する負担を軽減し、火災調査に興味を持つ職員を育てるために行っています。このような方法がよいかどうかは、各消防本部で判断してください。

＊　**火災報告の調査項目**
01表011行（52）〜（54）出火原因
　　　　　　　　　　発火源・経過・着火物

以上のことから、製品自体の欠陥ではなく、1階居室内のベッドに敷いた健康マットの折り目付近において、日常生活でツボ押し器を使用するなどの行動を繰り返したことにより、配線に負荷がかかり電気配線の素線の一部が半断線した。しかし、そのまま使い続けたため、この部分での電気抵抗値が高くなり、ジュール熱による芯線の発熱に伴い、健康マット本体及び健康マット上の掛け布団も蓄熱し、無炎燃焼に至ったことは十分に考えられる。

5　結　論❼

　本火災は、火元者のＫ林Ｉ子（〇〇歳）が、1階居室内のベッドに敷いた電気健康マットの折り目付近において、日常生活でツボ押し器を使用するなどの行動を繰り返したことにより、局部的な配線に負荷がかかり、電気配線の素線の一部が半断線した。しかし、そのまま使い続けたため、この部分での電気抵抗が高くなり、ジュール熱による芯線の発熱に伴い、電気健康マット本体及び電気健康マット上の掛け布団も蓄熱し無炎燃焼に至り、無炎燃焼を継続したものと判定する。

解説 ❼ 結論の項は、これまでの調査結果を６何の原則で記載します。

通常、この項は調査結果の取りまとめであることから、一つの様式内ではありますが、これまで言い換えて省略した文言（以下「○○」という。）も正式な名称に戻します。

> ＊ **火災報告の調査項目**
> 01表011行（52）〜（54）出火原因
> 　　　　　　　　　発火源・経過・着火物

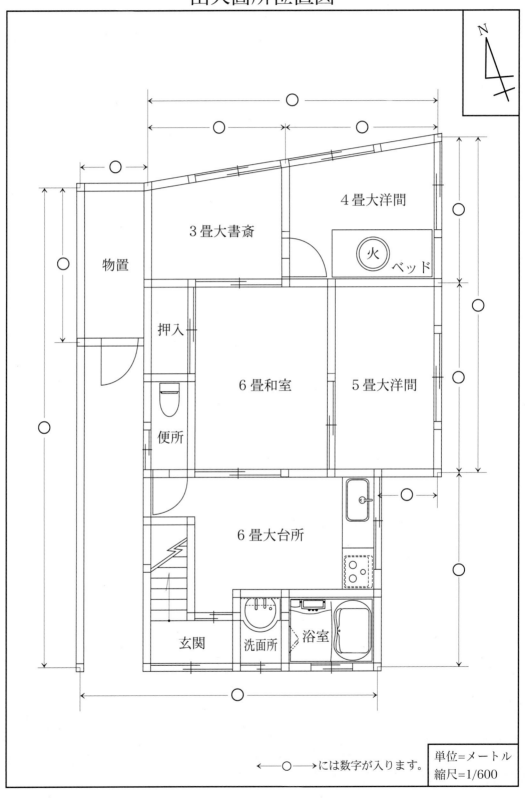

消防用設備等の状況

平成〇〇年〇〇月〇〇日（〇）〇〇時〇〇分頃、〇〇市〇〇区〇〇丁目〇〇番〇〇号で発生した火災について、調査した結果は次のとおりです。
平成〇〇年〇〇月〇〇日
所　　属　〇〇消防署
階級・氏名　消防〇〇　〇〇　〇〇　印

出火階における消防用設備等の設置状況
1　粉末ＡＢＣ10型消火器1本
2　住宅用火災警報器2基（煙感知器）
　　出火室は設置無
3　カーテンの防炎加工無

消防用設備等の作動又は使用状況及び効果の有無
消火器の使用及び住宅用火災警報器の作動なし

初期消火活動の状況
なし

解説　この「消防用設備等の状況」は、火災が発生した建物等（工作物や車両でも、消防用設備等が設置されている場合や初期消火活動が行われている場合を含む。）に対して作成するもので、消防用設備の作動による奏功事例、初期消火活動の奏功事例及び住宅防火対策を列記し、以後の火災予防、特に、消防用設備の必要性や改良及び住宅防火対策について検証するとともに、初期消火活動等から防火管理体制の改善点などを検証する上で重要な調査ポイントになります。

したがって、本調査様式に係る調査は、実況見分、損害調査とは別に調査員を指名して現場調査ができるように、専用の様式にしています。

ここで注意することは、質問調書録取者と連絡を密にして、関係者に重複した質問をしないことです。初期消火者からの質問調書の録取は、本調査を担当する職員が行うのも一つの方法です。

＊　火災報告の調査項目

01表011行（34）初期消火器具
01表012行（69）～（92）防火管理等の状況・消防用設備等の設置状況・住宅防火対策

火災状況見分調書

　平成○○年○○月○○日（○）○○時○○分頃、○○市○○区○○丁目○○番○○号で発生した火災に（○○）として出場し、次のとおり見分した。
　　　　　平成○○年○○月○○日
　　　　　　　　　　　　　　　所　　　属　○○消防署
　　　　　　　　　　　　　　　階級・氏名　消防○○　○○　○○　印

1　出場途上における見分状況
　⑴　平成○○年○○月○○日（○）○○時○○分、○○○指令センター（以下「指令センター」という。）の「偵察指令、その他偵察、○○区○○丁目○○番○○号」の指令により、○○消防署○○第1消防隊小隊長として出場する。
　⑵　○○出張所から出場し、指令センターに支援情報を求めると、「現場は、○○区○○丁目○○番○○号、居住者からの通報で、家の中が焦げ臭い。煙はないとのこと」との情報を得る。
　　○○交差点を南方へ直進し、○○時○○分、現場西側の階段下（添付図1（P.37）のA地点）に到着すると、女性1名が「私が電話をしたK林です。家の中が焦げ臭いので、家の中を見てください」と申し出たことから、車載無線にて「○○1現場到着、関係者と接触。現着位置から煙、臭気等はなし。これより現場確認する」と指令センターへ一報し、現場西側直近の公設消火栓に水利部署する。
2　現場到着時における見分状況
　本職は下車し、居住者の案内により建物南側の私道上（添付図2（P.38）のB地点）に至ると、煙は確認できないが、きな臭さを感じる。
　本職が居住者に、家の中に誰かいるか尋ねると、「今は誰もいません」とのことである。
　K林方の南側玄関内に至ると、室内は暗く、1階天井付近には白煙がうっすらと漂っており、熱気は感じられないが、きな臭さを強く感じる。
　火点を確認するため、本職は、発生箇所の確認に時間を要すると判断し、指令センターへ○○部隊の応援を要請する。
3　消火活動時における見分状況
　本職は、1階南側の玄関（添付図3（P.39）のC地点）から台所に至ると、目が痛く、むせ返るほどのきな臭さである。
　室内が暗いため、居住者に電気のブレーカー等が作動したのか確認すると、「私が、119番をする前に落としました」との説明を受けたことから、玄関の東側の洗面所内に設置されている分電盤を確認すると、電流制限器及び漏電遮断器は「入」の位置で、配線用遮断器3か所のうち北側2か所だけが「切」の位置となっている。
　居住者に配線用遮断器について説明を求めると、「向かって右側2か所が1階で、左の1か所は2階につながっているので、右側2か所だけを落としました」とのこと

である。
　続いて、1階台所を確認するも異常は認められず、順次1階西側の各室を確認し、1階北東側の居室（添付図3（P.39）のD地点）に至ると、ドアは開いており、ベッド上から、白煙が約30センチメートルの幅で天井に至るまで立ち上がっているのを認め、天井を見ると、居室内は天井から約0.5メートル下方は、白煙がうっすらと漂っている。
　発煙箇所（添付図3（P.39）のE地点）の状況を確認すると、ベッドの東側に寄せられた布団の上に、無造作に置かれた衣類があり、衣類と布団が直径約30センチメートルの範囲で黒く炭化して無炎燃焼を継続しているのを確認する。
　本職は、台所へ行き、流しに置いてある洗面器に水道水を汲み、約1リットルの水を掛け消火するが、この時に衣類と布団を一度持ち上げて元に戻すも、移動する前の写真撮影は行っていない。
　続いて、ベッドに敷かれたマット状のものから延びている配線コードを確認すると、まず、枕元にあるコントロールスイッチは「切」の位置にあり、その先のコードは床面に延び、プラグは延長コードを介して内壁のコンセントへ接続されていることを確認する。
　次に、○○消防士長と○○消防士に他の部屋の状況を確認させるとともに、排煙のために各室の開口部を開放させると、「他に焼損箇所はなく、開口部は全て施錠されていた」と報告を受ける。

解説 本火災状況見分調書は、実況見分時に窓が開放されていたこと、消防隊現場到着時に分電盤の配線用遮断器3か所のうち北側2か所だけが「切」の位置となっていたこと、マット状のものから延びている配線コードのコントロールスイッチが「切」の位置にあったこと、その先のコードは床面に延びて、プラグは延長コードを介して内壁のコンセントへ接続されていることを確認したことと、消火作業の際に衣類と布団を一度持ち上げて元に戻しているが、持ち上げる前に写真撮影を行っていないことが火災調査に必要と判断し、作成したものです。

　消火活動に際し、出火箇所の物品をやむを得ず移動させることがありますが、移動させる前には写真撮影を行い、現場を保存する必要があります。

　ここでは、火災現場での説明や質問調書で供述人が「ブレーカー」と表現しているものを消防職員が確認していることから、「分電盤の配線用遮断機」と言い換えています。これは、供述人が俗称で言われたことをそのまま職員の作成する文書で用いるのではなく、正式な名称で言い換えているということです。

注意 本火災では、捜査機関は火災事件として扱いませんでしたが、捜査機関が刑法上の火災事件（放火・失火）として扱う場合には、消防機関だけの現場ではないので、一声掛けて了承を得るほか、写真を撮影して現場を保存することが必要です。

　事件か事件でないかは消防が判断するものでないことと、自分達の火災調査を合理的かつ間違いのないものにするためにも、現場保存に対し、プロとして細心の注意をしましょう。

案内図

図1

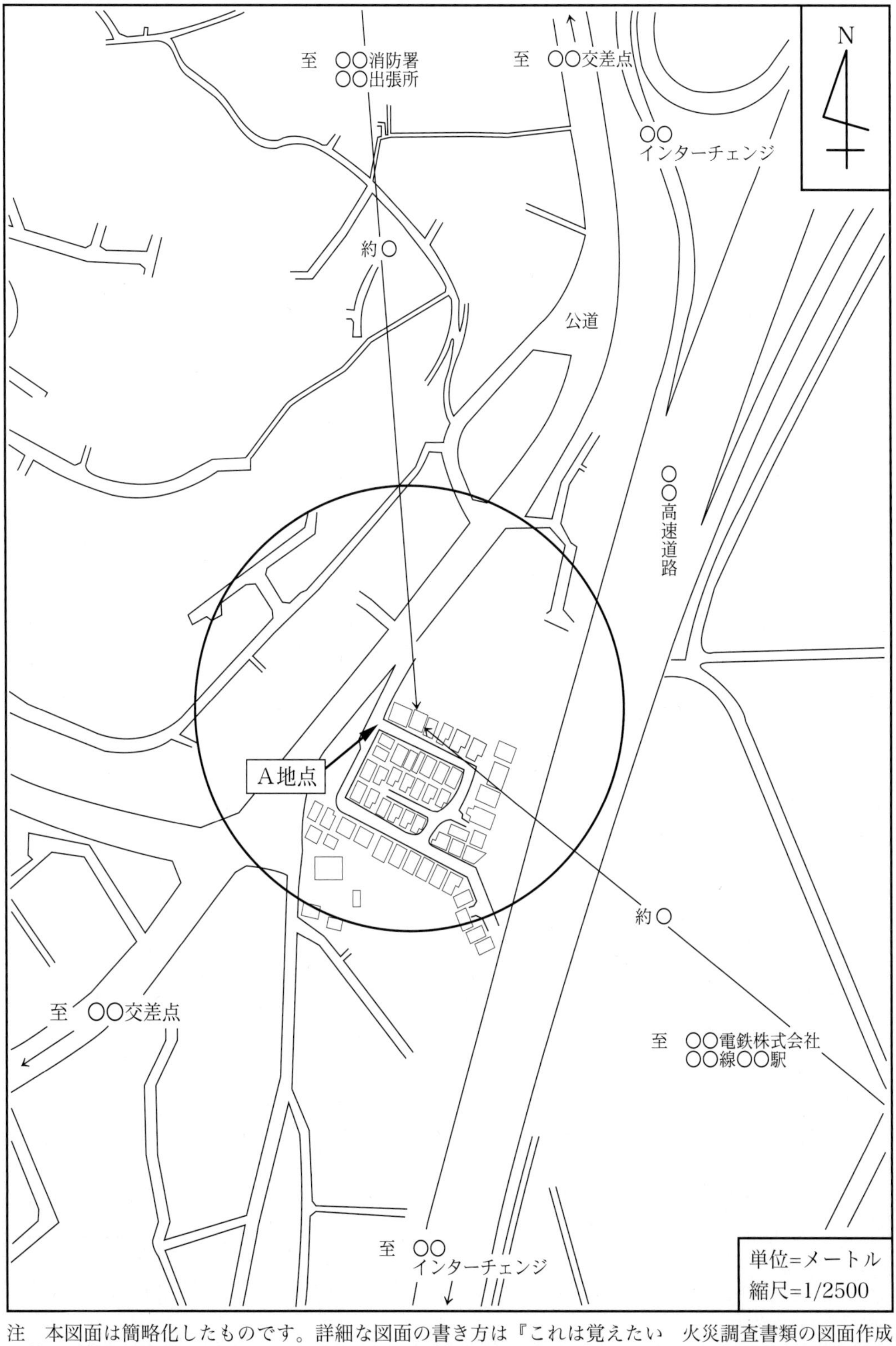

火災状況見分調書

至 ○○消防署 ○○出張所
至 ○○交差点
○○インターチェンジ
約○
公道
○○高速道路
A地点
約○
至 ○○交差点
至 ○○電鉄株式会社 ○○線○○駅
至 ○○インターチェンジ

単位＝メートル
縮尺＝1/2500

注　本図面は簡略化したものです。詳細な図面の書き方は『これは覚えたい　火災調査書類の図面作成塾』（東京法令出版発行）をご参照ください。他の図面も同様です。

事例1　ぼや火災

配置図

1 階 平 面 図

図3

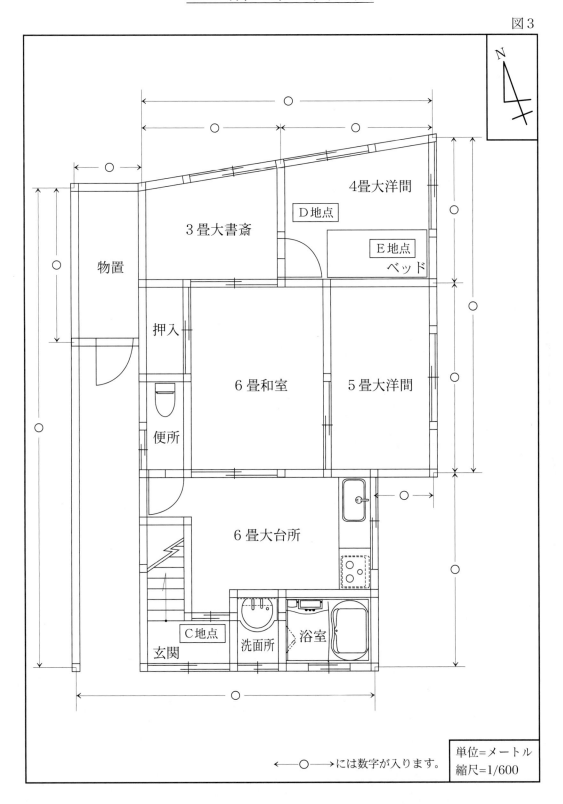

実況見分調書

実況見分調書（第1回）

　表記の火災について、関係者の承諾を得て、り災状況を明らかにするため次のとおり見分した。

　　　　　　　　　平成〇〇年〇〇月〇〇日
　　　　　　　　　　　　　　所　　　属　〇〇消防署
　　　　　　　　　　　　　　階級・氏名　消防〇〇　〇〇　〇〇　印

日　　時	平成〇〇年〇〇月〇〇日〇〇時〇〇分　開始 平成〇〇年〇〇月〇〇日〇〇時〇〇分　終了
場所及び物件等	〇〇市〇〇区〇〇丁目〇〇番〇〇号
立　会　人	K林　I子（〇〇歳）

1　現場の位置及び付近の状況
　(1)　現場の位置❶
　　　現場は、所轄〇〇消防署〇〇出張所から南南東方へ直線距離約550メートル、〇〇電鉄株式会社〇〇線〇〇駅から北西方へ約900メートルの地点で、付近一帯は専用住宅が密集する西傾斜地であり、都市計画法による用途地域は第1種住居地域で、準防火地域に指定されている。
　　　消防水利は、現場を中心として半径100メートル以内に公設消火栓4基が点在しており、水利は良好である（添付図1（P.52）参照）。❷

解説 ❶ 現場の位置の項は、実況見分の場所が誰にでも分かるように、小・中学校、公園、駅等の公共施設からの位置を示すほか、火災報告の調査項目である最寄消防機関とその距離を記入することが望ましいでしょう。常備消防機関は火災報告で必要になりますので、ここで距離を測定（図面上の直線距離）しておきます。本事例では所轄が最寄なので、「所轄」という表現をしていますが、所轄よりも近い署所があれば「最寄」と表現します。

　広大な敷地の事業所（工場）、学校、病院、団地等の中で発生した火災については、現場の位置の基準をどこにするかを内部規程等で定めておくことが必要です。

　例えば、正門を基準にする、出火建物の中心、焼損箇所の中心、出火室（箇所）の位置などですが、実況見分作成時は、出火室（箇所）は判定されていませんので、それは基準にしないほうがよいでしょう。

　注意事項は、ここでいう消防機関は常備消防機関（署、出張所等）であり、出火場所が非常備の市町村の場合は記入を必要としないことと、100メートル未満の端数があるときは、四捨五入するということです。

　火災報告の調査項目である「防火地域」の区分は、本様式例の火災調査書には記載する箇所がありませんが、実況見分調書のこの項に記載することにします（特別防災区域についても同様です。）。

❷　消防水利の状況は、警防活動上の資料としても活用できるように記載しているものです。火災報告での水利関係は、常備消防隊・消防団が「主として使用した水利」として必要になるだけですので、記載の必要の有無は、各消防本部で判断してください。

(2) 現場付近の状況❸

　これからの見分は、見分の便宜上、北北東を北として進める。

　現場付近の状況は、北側は0.7メートル離れて、高さ0.8メートルのアルミ製フェンスを介し農地、東側は0.5メートル離れて、高さ0.8メートルのアルミ製フェンスを介し、さらに1.4メートル離れて木造2階建の専用住宅、南側は2.0～3.0メートル離れて、高さ0.8メートルのアルミ製フェンスを介し幅員4.0メートルの私道、西側は0.5メートル離れて、高さ1.2メートルの金網フェンスを介し、さらに1.3メートル離れて耐火建築物4階建の共同住宅となっている（添付図2（P.53）参照）。❹

❸ 現場付近の状況の項は、実況見分を実施する建物、車両、工作物等の周囲の状況（隣接建物等との距離、構造、延焼危険等）が分かるように説明します。

周囲が道路や空地の場合で、延焼危険がない場合は、道路幅員や空地の広さ等の状況を記載します。

現場の位置には「案内図」、現場付近の状況には「配置図」を作成して添付します。

これらの図面は、実況見分作成者と違う職員が作成することが多いと思いますので、実況見分作成者は事前に図面で使用する文言を明確にしておくことが必要です。

実務的には、図面を作成して、その図面を説明するように記載すれば分かりやすく、作成しやすいでしょう。

注意 図面作成のために現場で距離を測定するときの注意事項としては、特に焼損箇所もない隣接の建物や工作物等の敷地に入るときには、関係者に一声掛けて了承を得てから実施することです。なぜなら、図面担当者の配慮のなさからトラブルになった事例もあるからです。

周囲の状況を記載するときは、北から時計回りに記載するなど原則を定めておくことも必要ですが、現場により状況が違いますので、柔軟に記載しやすいようにします。

解説 ❹ 本文は、原則のとおり北側から時計回りに記載していますが、本事例では、西側を除く三方に同じフェンスがあることから、次の例のように、同じことを一括して記載する方法もあります。分かりやすい説明にするため、柔軟な発想と工夫が必要です。

（例）　建物の周囲は、西側が高さ1.2メートルの金網フェンスに、西側を除く三方は高さ0.8メートルのアルミフェンスに囲まれており、北側はアルミフェンスを介し農地となり、東側はアルミフェンスを介し1.9メートル離れて木造2階建専用住宅となっている。南側は2～3メートル離れてアルミフェンスを介し幅員4.0メートルの私道となっており、西側は金網フェンスを介し1.8メートル離れて耐火建築物4階建の共同住宅となっている。

参考 「焼損建物や焼損車両が複数ある場合（火元と類焼等）に、どの建物等を中心にして案内図の距離や周囲の状況を作成するのか」については、その時点では出火建物を判定していないため矛盾しますが、実務的には二つの方法があります。

各建物の実況見分を実施してから出火建物を検討する方法と、先着隊からの情報、発見者・通報者等の供述から出火建物等を推定する方法です。

また、捜査機関と合同で調査する場合は、捜査機関は出火建物等のみの灰かきをすることが多く、実況見分を実施する前に検討されると思いますので、消防の見解を積極的に説明し、お互いに納得して実施することになるでしょう。

2　現場の模様
　⑴　建物外周部の状況❺
　　　焼損建物は木造２階建の専用住宅で、敷地南側の私道沿いのアルミ製フェンスには、アルミ製の門扉が設けられており、敷地内外を一巡して建物外周部を見分するも、焼損箇所は認められない（添付図２（P.53）及び写真１参照）。❻

〔写真１～写真15について、本書では省略します。〕

解説 ❺ 建物の外周部を見分するとき、屋根の燃え抜けやトタン屋根等の変色などが認められる場合は、高所から見分することにより、焼けの方向性が分かりやすいこともあります。ここで注意することは、屋根の下にある室内の開口部の大きさ、可燃物の量と質、油脂類の有無などにより焼けが強くなることを考慮する必要がある、ということです。

❻ また、焼損が認められない建物の外周部については、詳細に記載する必要はありませんが、詳細に見分する必要がないということではありません。これは、建物の外周部には、プロパンガスボンベ、都市ガスのコック、引き込み電線の状況などがあり、これらは外周部の見分の必須項目だからです。

(2) 建物内部の状況
　建物南側の玄関から建物内に入り、見分を進める。❼
　まず、玄関内から見分すると、玄関の北側には2階へ続く階段と台所への出入口があり、東側は洗面所となっている。
　洗面所内に入ると、出入口直上に分電盤が設置されている。分電盤の上段には3か所、下段には1か所、配線用遮断器が設置されており、全て「入」の状態になっている。立会人のⅠ子に分電盤について説明を求めると、「避難する際に、私が向かって右端の2か所を切りました」と説明する（添付図3（P.54）及び写真2参照）。
　建物の間取りは添付図3のとおりであり、各室を見分するも焼損が認められるのは、1階北側の4畳大の洋間だけである（添付図3（P.54）参照）。❽

(3) 4畳大洋間の状況
　西側の出入口から室内を見分すると、天井は木目調の化粧板張り、内壁は漆喰、床は板張りで、中央付近にはコルク調の健康マットが敷き詰められており、天井面や壁面に焼けや煤けは認められない。
　続いて室内に入り見分すると、室内は、西側の壁面沿いに足の踏み場もないほど収容物が置かれており、北側には1.8メートル幅のテラス窓が設けられている。
　東側は、1.8メートル幅の腰高窓が設けられ、北寄りの壁面には、床面から0.3メートルの位置に二口埋め込みコンセントが設けられ、一方は北側の内壁に設置されているエアコン、もう一方は室内中央付近の床に置かれている四口テーブルタップ付延長コードのプラグが差し込まれており、これらを見分するも焼損は認められない（添付図4（P.55）及び写真3参照）。
　南側には、鉄製のパイプベッド（以下「ベッド」という。）が置かれ、ベッドの東側壁面沿いには、スーツ等の衣類が掛かっており、これらに焼損は認められない。
　次に、ベッドの西側に立ちベッド上を見分すると、ベッド上の西側に枕が置かれ、枕の東側に数枚の衣類が置かれているほか、東側約3分の1に掛け布団が寄せられており、ベッド中央寄りの掛け布団の一部と一緒に置かれているピンク色の衣類の一部に焼損が認められる。
　敷布団は掛け布団と同柄で、その上に白いガーゼ状の敷物が敷かれている。
　ここで本職は、立会人にベッドの状況等について説明を求めると、「私が使っているベッドです。ピンク色の衣類は、私が今朝着替えたパジャマです。白色のガーゼで覆われている物は、電気健康マットです」とのことである（添付図4（P.55）及び写真4参照）。❾

解説 ❼ 室内の状況を見分するときは、特に、見分位置を明確にすることに注意します。写真撮影に関しては、必ず見分者の見分位置から撮影します。撮影がしやすいということから、見分位置と逆側等の違った位置から撮影したものを添付している書類がありますが、分かりにくく、位置や方位の間違いを起こしますので注意しましょう。

注意 撮影位置に注意するには、日常の署員への教養の中で写真撮影を担当する可能性のある者に説明しておくことです。また、実況見分作成者は文章を作成するときに、説明する場所で添付する写真を選び、その写真と実況見分時にメモしたことを確認しながら作成しましょう。

解説 ❽ 室内の間取りについては、焼損により間取りが分からないときは、立会人が示した確認申請書等の図面を参考にしながら見分する方法、立会人の指示説明により見分する方法、客観的事実のみで見分する方法等があります。

　本事例では、1階の1室のみに焼損が認められる状況から、焼損の認められない各室の見分結果は詳細に記載していません。間取りについても見分結果から平面図を作成しており、その図面を参照することとしています。

　ただし、外周部の状況でも説明しましたが、見分結果を詳細に記載しなくても、見分は詳細に実施することが重要です。その部分で焼損がなくても、火災原因や損害調査に関係することがあるからです。

参考 このような、焼損が認められず、火災原因・損害に関連のない部屋等の見分結果を詳細に記載しない方法についてはいろいろな意見があるかと思いますが、当研究会では、出火箇所が客観的に明らかな場合、火災調査に必要なこと以外は省略する方法をとっています。これは、火災調査の担当職員が火災調査を負担に感じず、火災調査の重要性を理解し、火災調査を好きになってほしいと考えているからです。

解説 ❾ ベッド上の衣類の見分において、見分者は「パジャマ」と推定することもできましたが、きちんと立会人に説明を求めています。

　このように、実況見分は推定で作成することがないようにしましょう。

事例1　ぼや火災

3 焼損状況❿

　室内を見分した結果、ベッド上の寝具とパジャマに焼損が認められることから、ベッドの北側に立ち、ベッドとベッド上の寝具等について詳細に見分を進める。

(1) ベッドの状況

　ア　ベッド上の状況

　　　ベッドは、幅0.9メートル、長さ2.0メートル、高さ0.5メートルで、東側のパイプの枠に接して掛け布団が東西幅0.9メートル、南北幅0.9メートルの範囲に置かれている。

　　　ベッド上を見分すると、掛け布団は表面がピンク色の花柄で、裏面は白の無地の綿のカバーが付けられており、西寄りの一部が三角形状に焼けて黒色になり、この部分に接しているパジャマも焼けて黒くなっている。焼けの範囲を計測すると、南北最大幅0.3メートル、東西最大幅0.3メートルである（添付図4（P.55）及び写真4、5参照）。

　イ　パジャマ及び掛け布団の状況

　　　パジャマを見分すると、色はピンク色で素材はポリエステルと綿の混合素材であり、パジャマを取り除くと、掛け布団は焼けの中央付近が最も深く燃え込んでおり、焼けは敷布団の上に置かれた電気健康マットに掛けられた白いガーゼ状のカバーにまで及んでいる。

　　　掛け布団の焼けている部分を詳細に見分すると、綿状の炭化物だけが認められる。

　　　次に、掛け布団に貼付されているラベルを確認すると、中綿は綿とポリエステルの混合であることを確認する（添付図4（P.55）及び写真6、7参照）。

　ウ　電気健康マットの状況

　　　掛け布団等を取り除き、電気健康マット（以下「健康マット」という。）を見分すると、健康マット本体は白色のガーゼ状のカバー（以下「カバー」という。）で覆われ、掛け布団の焼損箇所の直下に焼損が認められるが、健康マットは原型をとどめている。

　　　カバーの焼損範囲を計測すると、健康マットの中央付近が、直径約0.35メートルの円形状に焼けており、外周は茶色く変色し、中央に向かうにつれ黒色に焼けている（添付図4（P.55）及び写真8参照）。

　　　続いて、カバーを取り外し、健康マットを見分すると、表面は黄土色の繊維状であり、カバーの焼損箇所と同範囲が、円形状に焼けて黒色になっている（添付図4（P.55）及び写真9参照）。

　　　ここで、健康マットの大きさと位置を測定すると、健康マットの大きさは、東西の幅が1.75メートルで、南北の幅が0.6メートルの長方形をしている。

　　　ベッドの健康マットの位置は、ベッドの北側から0.23メートル、東側から0.27メートル、南側から0.07メートル、西側から0.08メートルの位置にあり、ベッドの南西寄りに敷かれているのが確認できる（添付図4（P.55）参照）。

　　　健康マットの中央付近を詳細に見分すると、健康マットの表面に穴が開いており、この箇所を指で触手すると、突起物が確認できる（添付図4（P.55）及

解説 ❿ 焼損状況の項は、鎮火後の現場の状況をそのまま見分するのではなく、灰かきにより残存物を移動させて見分するほか、復元により見分するなどで詳細に見分する場合に作成しています。この方法は一例であり、各消防本部で、この例のように原則を決められることを薦めます。

　ここで注意することは、実況見分に対する注意のほか、移動させる前後の見分と写真撮影をすることと、移動に対して細心の注意を払い、見分しながら移動させることです。灰かきはやり直しができないので、調査員全員で注意します。

参考 計測した物品の単位については、同書類の中では全て統一するように説明される方もいますが、分かりやすく、間違いがないようにすることが大切であることから、物品によってはメートルでなく、センチメートルで記載するのもよいでしょう。ここで注意することは、同じ図面の中に記載される物品は単位を合わせていた方が図面を作成しやすいということです。本事例でもセンチメートルとした方が分かりやすい物はありますが、一つの図面で表したいことからメートルで統一しています。

び写真10参照)。

　次に、健康マット本体の裏側を見ると、銀色のシートで覆われており、焼損箇所は認められない(添付図4(P.55)及び写真11参照)。

　続いて、健康マット本体及び敷き布団を順次取り除いて見分すると、敷き布団及びベッドの底板に焼損箇所は認められない(添付図4(P.55)及び写真12、13参照)。

　次に、健康マットのコントローラーを見分すると、スイッチは「切」の位置であることが認められる。そこで、通電状況を確認するため、コントローラーのスイッチボタンを押すと、温度表示が「27」と赤く表示され、燃焼ランプが赤く点灯するのが認められる(添付図4(P.55)及び写真14参照)。

　続いて、コントローラーのスイッチを切り、健康マットの配線接続状況を見分すると、健康マット北西側の角にコネクターがあり、接続されている配線は、枕元北側の床上に置かれているコントローラーを経由し、室内中央付近の四口テーブルタップに接続されている。

　四口テーブルタップを見分すると、コントローラーとは別に白色と黒色のプラグが各1個差し込まれ、計3個のプラグが差し込まれており、この配線をそれぞれたどると、電話の子機の充電器とラジカセにつながっており、各配線等に焼損箇所は認められない(添付図4(P.55)及び写真15参照)。

　また、ベッドの上及びベッド周囲にたばこの吸殻は認められない。

　ここで、立会人の承諾を得て、焼損の認められる健康マット及び掛け布団を詳細に見分するために資料として保管することとする。⓫

解説 ⓫ 鑑定・鑑識、再見分を実施する必要がある場合、該当物品を保管することを記載しています。このとき、事務的には「資料保管書」などの書類により、当該資料の所有者に対し、資料を保管したことを明らかにします。

　同時に、鑑定・鑑識後の処分の方法、返却の方法等についても確認し、保管書等の一部に記録するようにします。

　そして、この保管に際しては、保管する前の現場の状況（保管物品等が現場にある状態）、保管した物品の状況、物品に品番や型番などが貼付されているか刻印されていれば、その番号などを写真撮影するほか、鑑定・鑑識の前にその番号を写真撮影するとともに確認することが、鑑定・鑑識物品が当該火災現場での物であることを証明する上でも必要になります。

　特に、捜査機関が事件扱いとするような現場では、より慎重に捜査機関の立会いの下で保管することが重要です（捜査機関が事件扱いとする場合は、捜査機関が保管することが多いと思いますが、時として、実況見分中の物品を消防機関が保管した後で事件扱いとする可能性もあります）。

案内図

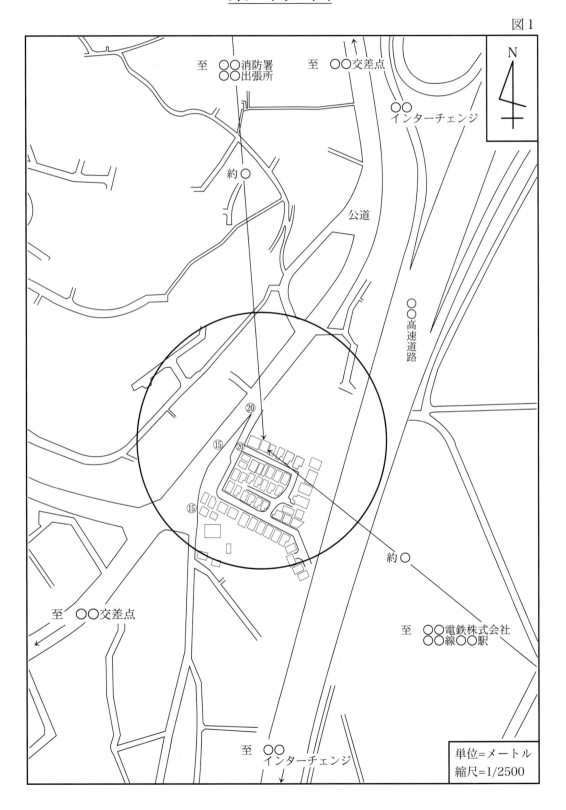

図1

配 置 図

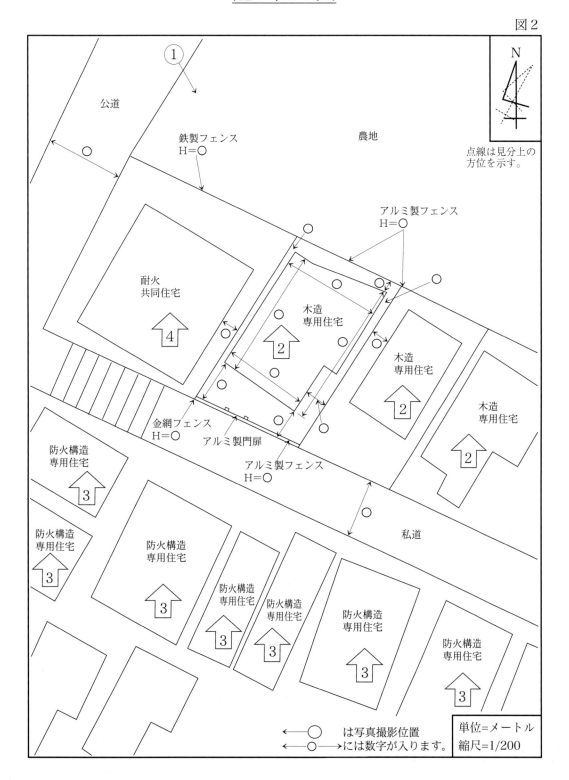

1 階 平 面 図

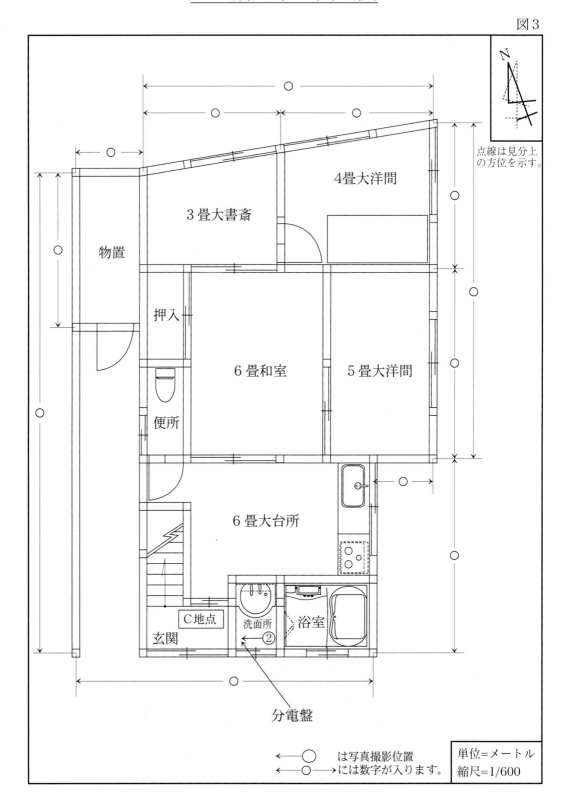

拡 大 図

図4

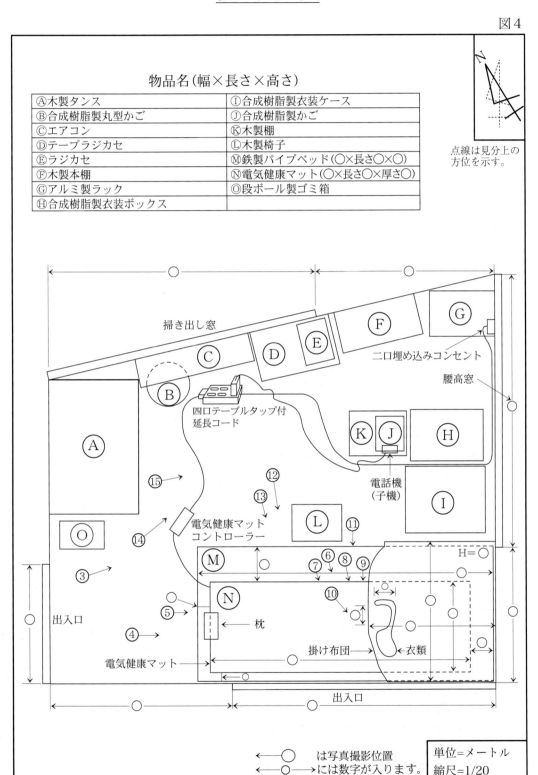

実況見分調書（第2回）

　表記の火災について、関係者の承諾を得て、り災状況を明らかにするため次のとおり見分した。

平成〇〇年〇〇月〇〇日
所　　属　〇〇消防署
階級・氏名　消防〇〇　〇〇　〇〇　印

日　　時	平成〇〇年〇〇月〇〇日〇〇時〇〇分　開始 平成〇〇年〇〇月〇〇日〇〇時〇〇分　終了
場所及び物件等	〇〇消防署〇〇室 電気健康マット（〇〇社製　型式番号〇〇-△△△）
立　会　人	K林　S男（〇〇歳）

　第1回実況見分で焼損の認められた電気健康マット〇〇社製　型式番号〇〇-△△△（以下「健康マット」という。）の通電及び作動状況について確認するため、〇〇消防署においてK林S男の立会いにより、健康マット及びコントローラーを順次詳細に見分する。

　見分するに当たり、図1及び2を作成し、マットのコネクター側の短辺をAとし、順次時計回りにDまで記号を付し表現する（添付図1、2参照）。

1　マット概観の状況

　マットは、白色のガーゼ状のカバー（以下「カバー」という。）で覆われ、中央付近が縦約30センチメートル、横約35センチメートルの範囲で黒く焼け、この周囲が中央付近からCに向かい約45センチメートルの範囲で楕円形状に破れている（添付図1及び写真1（P.59）参照）。

　次に、カバーを取り除き、マット本体の大きさを計測すると、幅60センチメートル、長さ175センチメートルの長方形で、厚さは約0.9センチメートルである。

　材質は黄土色の繊維で、表面はカバーと同箇所が円形状に黒く焼け、焼けのほぼ中央付近に約0.2センチメートルの穴が開き、配線が約0.1センチメートル突起し、焼けの範囲は、この突起を中心に最大直径約20センチメートルとなっている。配線の突起の位置は、Aから95センチメートル、Bから30センチメートル、Cから80センチメートルである（添付図2及び写真2（P.59）参照）。

2　健康マット内部の状況

　健康マットの縁の縫い目を取り除き、内部を見分する。

　健康マット表面の裏側は、フェルト状の繊維となっており、健康マット表面と同箇所が茶色く変色している（写真3（P.59）参照）。

　さらに健康マット表面の下は、銀色の保温シートとなっており、健康マット表面と同箇所、同範囲で黒く焼けている（写真3（P.59）、4（P.60）参照）。

続いて保温シートを取り除くと、電気配線シートとなっており、健康マットと同箇所の表面は、円形状に直径約12センチメートルの範囲が黒く焼けている。
　電気配線シートの大きさを計測すると、幅48センチメートル、長さ160センチメートルで、BからDの間に19本の配線が張られており、AからC間の3か所でZ状に配線が折れ曲がっている。
　焼損範囲を詳細に見分すると、Aから2か所目のZ状に折れ曲がった延長上で、Bから9本目の配線が断線しているのが認められる（添付図3及び写真5、6（P.60）参照）。
　次に、電気配線シートを取り除き見分すると、フェルト状の繊維シートの表面は、電気配線の断線箇所と同位置で、円形状に直径3ミリメートルの範囲が黒く焼け込んでいる（写真7（P.61）参照）。
　次に、フェルト状の繊維シートを取り除くと、最下面の白いシートは、表面の箇所と同位置で、一部薄茶色に変色しているのが認められる（写真8（P.61）参照）。
3　コネクター、電気コード及びコントローラーの状況
　まず、コントローラーの裏面に張られたラベルから、型式番号〇〇-△△△を確認する。
　⑴　コネクターの状況
　　コネクターを分解し配線状況を見分すると、配線及び接続箇所に焼け及び断線等は認められない（写真9（P.61）参照）。
　⑵　電気コード及びコントローラーの状況
　　電気コード及びコントローラーを見分すると、コントローラーの内部に断線や焼けは認められない（写真10～12（P.62）参照）。
4　断線箇所の状況
　断線箇所周囲の電気配線シートは、AC間で2センチメートル、BD間で1センチメートルの範囲が焼失し、配線が露出している。
　この配線を詳細に見分すると、芯線は3本の素線からなっており、繊維状の被覆で覆われている。
　断線している2本の芯線の一方は、A及びC側の先端に溶融痕が認められ、各々の3本の素線は分割している。
　一方の芯線は、C側の素線3本が各々分割しており、先端に球状の溶融痕が認められ、A側の素線は3本の素線がまとまり、先端1か所に球状の溶融痕が認められる（添付図4及び写真13～15（P.63）参照）。

〔図1～図4について、本書では省略します。〕

解説 まず、保管した物件と本見分対象が同一であることを確認しますが、本事例ではコントローラーの見分に際して確認をしています。

　日を改めての詳細な見分は、立会人の確保が難しいと思いますが、関係者の都合、メーカーとの調整のほか、捜査機関と調整し、立会人を確保して客観性を保つことが必要です。

　本事例では、捜査機関も立ち会わないということから、同居している所有者の長男Ｓ男を立会人としました。

　第１回の実況見分でも説明した単位についてですが、２回目の実況見分は対象が大きくないことからセンチメートルに統一して、関係する図面も全てセンチメートルを用いています。

　溶融痕については、本事例では電気配線に認められる痕を「溶融痕」と表現していますが、「電気痕」「短絡痕」と表現される方もいます。

　これは、電気の短絡痕を示すものであり、配線が溶融して痕になっていることから、調査員により表現が違っているものです。いろいろな考えもあるでしょうが、当研究会では調査員の判断に任せています。ただし、同一の書類中での統一は必要であるとしています。

　また、電気の短絡痕があるからと、そこが出火箇所になるわけではないことは説明するまでもありませんが、「一次痕」「二次痕」と表現される方もいます。しかし、本事例では実況見分の段階で一次、二次を判定することはできないとして、溶融痕としています。これについては、各消防本部で判断してください。

　拡大図（P.55）にあります物品名の表で、幅、長さ、高さなどが記載されていない物品については、焼損もなく、火災の原因に直接関係していないことから記入していません。

　出火室内の全ての物品（家具・家電製品）の大きさを記入する方もいますが、煩雑になることと上記の理由から記入していません。

　火災原因が電気に起因することを考察する場合（結果的に原因でない場合を含む。）は、コンセントからの配線の状況や延長コードの状況を図面に記入し、電気の短絡痕が複数ある場合の電気の流れなどを分かりやすくさせています。

写真1	写真説明
撮影日	平成〇〇年〇〇月〇〇日
撮影者 (所属・ 階級・氏名)	〇〇消防署 消防〇〇　〇〇　〇〇
撮影位置	マットカバーの状況

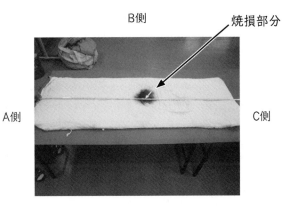

写真2	写真説明
撮影日	平成〇〇年〇〇月〇〇日
撮影者 (所属・ 階級・氏名)	〇〇消防署 消防〇〇　〇〇　〇〇
撮影位置	マット本体の状況

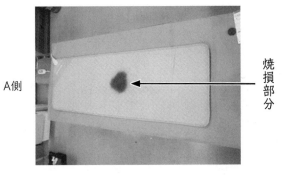

写真3	写真説明
撮影日	平成〇〇年〇〇月〇〇日
撮影者 (所属・ 階級・氏名)	〇〇消防署 消防〇〇　〇〇　〇〇
撮影位置	本体1枚目裏側の焼損状況

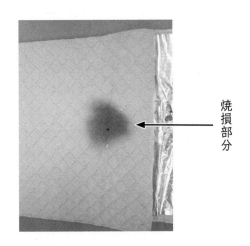

写真4	写真説明
撮影日	平成〇〇年〇〇月〇〇日
撮影者 （所属・ 階級・氏名）	〇〇消防署 消防〇〇　〇〇　〇〇
撮影位置	保温シートの状況

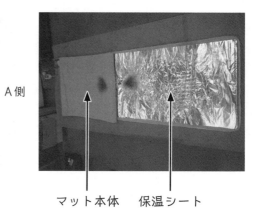

A側

マット本体　保温シート

写真5	写真説明
撮影日	平成〇〇年〇〇月〇〇日
撮影者 （所属・ 階級・氏名）	〇〇消防署 消防〇〇　〇〇　〇〇
撮影位置	電気配線シート表面の状況

A側

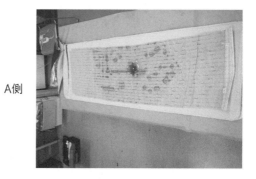

写真6	写真説明
撮影日	平成〇〇年〇〇月〇〇日
撮影者 （所属・ 階級・氏名）	〇〇消防署 消防〇〇　〇〇　〇〇
撮影位置	電気配線シートの焼損状況

A側

写真7	写真説明
撮影日	平成〇〇年〇〇月〇〇日
撮影者 （所属・ 階級・氏名）	〇〇消防署 消防〇〇　〇〇　〇〇
撮影位置	電気配線シート裏側及び フェルト状の繊維シート の状況

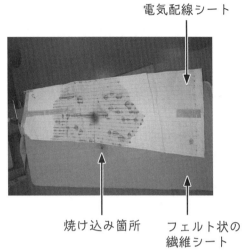

A側　電気配線シート　焼け込み箇所　フェルト状の繊維シート

写真8	写真説明
撮影日	平成〇〇年〇〇月〇〇日
撮影者 （所属・ 階級・氏名）	〇〇消防署 消防〇〇　〇〇　〇〇
撮影位置	フェルト状の繊維シート と最下面のシートの状況

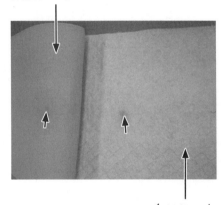

フェルト状の繊維シート　A側　白いシート

写真9	写真説明
撮影日	平成〇〇年〇〇月〇〇日
撮影者 （所属・ 階級・氏名）	〇〇消防署 消防〇〇　〇〇　〇〇
撮影位置	電気配線シート側のコネ クター内部の状況

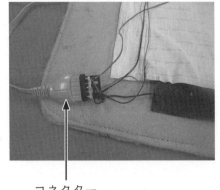

A側　コネクター

実況見分調書

写真10	写真説明
撮影日	平成〇〇年〇〇月〇〇日
撮影者 （所属・ 階級・氏名）	〇〇消防署 消防〇〇　〇〇　〇〇
撮影位置	コントローラー本体の状況

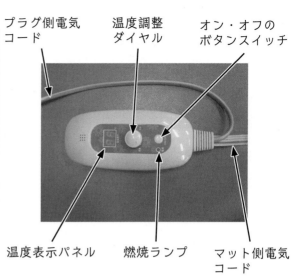

プラグ側電気コード　温度調整ダイヤル　オン・オフのボタンスイッチ

温度表示パネル　燃焼ランプ　マット側電気コード

写真11	写真説明
撮影日	平成〇〇年〇〇月〇〇日
撮影者 （所属・ 階級・氏名）	〇〇消防署 消防〇〇　〇〇　〇〇
撮影位置	コントローラー内部の基盤の状況

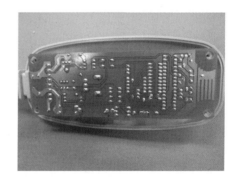

写真12	写真説明
撮影日	平成〇〇年〇〇月〇〇日
撮影者 （所属・ 階級・氏名）	〇〇消防署 消防〇〇　〇〇　〇〇
撮影位置	コントローラー内部の基盤の状況

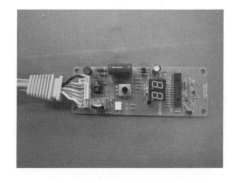

写真13	写真説明
撮影日	平成〇〇年〇〇月〇〇日
撮影者（所属・階級・氏名）	〇〇消防署 消防〇〇　〇〇　〇〇
撮影位置	電気配線シート表面の断線状況

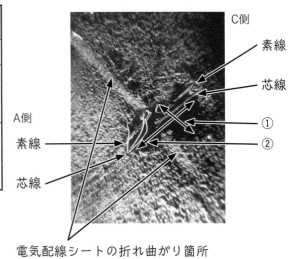

写真14	写真説明
撮影日	平成〇〇年〇〇月〇〇日
撮影者（所属・階級・氏名）	〇〇消防署 消防〇〇　〇〇　〇〇
撮影位置	写真13の断線箇所①の状況

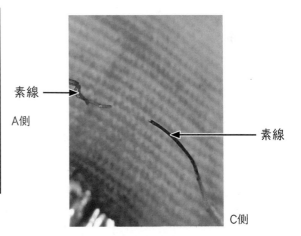

写真15	写真説明
撮影日	平成〇〇年〇〇月〇〇日
撮影者（所属・階級・氏名）	〇〇消防署 消防〇〇　〇〇　〇〇
撮影位置	写真13の断線箇所②の状況

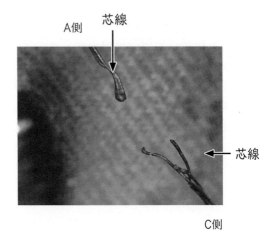

質　問　調　書（第1回）

　平成〇〇年〇〇月〇〇日（〇）〇〇時〇〇分頃、〇〇市〇〇区〇〇丁目〇〇番〇〇号で発生した火災について、次の関係者に質問したところ任意に次のとおり供述した。
　　　　　平成〇〇年〇〇月〇〇日
　　　　　　　　　　　　　　　所　　　属　〇〇消防署
　　　　　　　　　　　　　　　階級・氏名　消防〇〇　〇〇　〇〇　印

住　　　　　所	〇〇市〇〇区〇〇丁目〇〇番〇〇号
職　業・氏　名	〇〇〇　　K林　I子
生 年 月 日・年 齢	昭和〇〇年〇〇月〇〇日　　　〇〇歳
火 災 と の 関 係	出火建物等の（　■占有者　□管理者　■所有者） ■発見者　■通報者　□初期消火者 □その他（　　　　　）
質問年月日・時間	平成〇〇年〇〇月〇〇日（〇）　〇〇時〇〇分〜〇〇時〇〇分
質　問　場　所	K林I子方

　私の家が火事になったことについてお話しします。
　私はこの家の1階の所有者で、家族とここに住んでいます。
　この家は昭和〇〇年〇〇月頃に、土地と家屋を合わせて〇〇〇万円で購入し、同年の〇〇月〇〇日から住み始め、昭和〇〇年と昭和〇〇年頃に増築をして現在の形になっています。
　敷地面積は〇〇〇平方メートル、建築面積は〇〇平方メートル、延べ面積は〇〇〇平方メートルです。❶
　2階の所有者は私の姉のK林R子（〇〇歳）です。
　2階は姉が住んでいて別世帯となっていますが、今は姉が入院しているので使っていません。
　普段の家族の寝床は、私が北側の4畳大の洋間、長女のN子（〇〇歳）は食堂寄りの5畳大の洋間、長男のS男（〇〇歳）は6畳の和室で、3人とも1階に寝ており、1階北側の3畳大の洋間は、長男が書斎として使っています。❷

解説 ❶ まずは、本火災に関する供述人の関係を明らかにします。

出火建物の建築年月日、増改築の状況とそれぞれの金額、建物の面積、用途は、損害額の算出に必要になるほか、火災報告作成上に際し必要な項目もあります。

本火災は、結果的に収容物のみの焼損（ぼや火災）であり、建物損害額の算出の必要はありませんが、質問調書を録取するタイミングが、実況見分により焼損程度が明らかになる前になることもあるので、建物火災における質問調書録取の必須項目とした方がよいでしょう。

ここで注意することは、金額や面積が即答できない場合には、供述を強要するのではなく、り災届出等によるほか、資料をそろえて２回目の質問調書を録取することです。

❷ 本火災では焼損している部屋が限られていることから、その部屋の占有状況、つまり、焼損している部屋の状況が一番分かる占有者を特定することと、世帯の状況人員を確認するために質問しています。

ここで注意することは、火災の発生と直接関係がないと客観的に明らかなことに対して、必要以上に質問してはいけません。

仮に、こちらが質問をしていないことを供述人から話した場合でも、質問調書の記録に残す必要はありません。

例えば、長女の勤務先、通勤経路、帰宅時間、結婚歴、子供の有無、就寝時間、起床時間、趣味、電話番号等、プライバシーに関することです。

参考 過去にこんな事例がありました。発見通報者の通行人（深夜、ごみ置場のごみが燃えているのを見た通行人）から質問調書を録取した際に、自宅はどこか（住所）は質問するにしても、善意の第三者に火災調査に必要なこと以外の、例えば「スナックに何年勤めているか」等は質問する必要がなく、仮に話の流れで供述をしても調書に残すことはありません。

録取した本人は「供述人が話したことで、人定のためです」と言っていましたが、必要ありません。

今日も、それぞれの場所で寝ていました。今朝起きてから、火事に気付くまでの行動についてお話しします。
　今朝、私は〇〇時頃に起きて体操をした後、換気扇の掃除や朝ごはんの準備をして、家族３人で〇〇時頃に朝ごはんを食べ終えました。
　〇〇時過ぎに長女を送り出し、〇〇時〇〇分にテレビを見終わった頃、家の中が焦げ臭いように感じ、台所内の冷蔵庫や炊飯器を触ってみたり、コンセントを抜いてみたりしましたが、特に変わりはありませんでした。
　このとき、台所以外の部屋は確認していません。
　その後、長男が〇〇時頃に仕事へ出掛けましたが、そのときも少し臭いがしていました。
　長女と長男に、出掛けるときに何か臭っていなかったか聞いてみましたが、二人とも臭いを感じていなかったと言っていました。
　長男が出掛けてからは、台所で後片付けをしてテレビを見るなどして、他の部屋には行っていません。
　どんどん臭いが強くなって、煙たい感じでむせるようになってきたので、台所の電話から息子の携帯に電話して臭いのことを話すと、向かいの家のＴ田さんに来てもらうように言われました。
　私は、電話を切った後、すぐにブレーカーを落として、道路向かいで10メートルほど離れた家のＴ田さんを呼びに行きました。❸
　Ｔ田さんはすぐに来てくれて、この臭いは変だと言ったので、自宅の台所の電話から消防署に連絡しようとしましたが、ブレーカーを落としていたので通話ができず、Ｔ田さんの家から電話の子機を持ってきてもらい、自宅の様子を見ながら玄関前の道路から119番をしました。❹

解説 ❸ 出火に係る時間的経緯を録取したもので、向かいのＴ田さんについては、距離も録取していますが、これも時間経過を明らかにするためです。

❹ また、119番への通報者、通報状況を確認する項目を録取しています。

その後、消防の人が来て家の中を見てくれて、1階の私が寝ていたベッドの上の掛け布団や健康マットが燃えているのを見付けてくれました。
　長男に、私が電話した時間を確認したところ、携帯電話を見て〇〇時〇〇分から、〇〇時〇〇分までと言っていました。
　ベッドや健康マットについてお話しします。
　ベッドは、私が使っているもので、今日もここに寝ていました。
　健康マットは、電気で体を温める健康器具で、今年の〇〇月に、私の姪からもらったもので、最初は長男が使っていましたが、マットの温度が上がらなかったり、スイッチが入らなかったりして2回交換してもらっています。
　〇〇月に今回の健康マットが届き、製品は同じ物でしたが、息子は使わないというので、私が寝ているベッドの敷布団の上に、健康マットにガーゼ状のカバーをして常に広げた状態で使っていました。
　健康マットの使い方は、〇〇月からほぼ毎日、布団に入る30分くらい前にスイッチを入れ、布団を温めるために33度の設定にしておき、布団に入ったら27度に下げ、翌朝起きてからスイッチを切っていました。
　いつも頭を西側の書斎に向け、ほとんど仰向けのままで寝ています。今日も同じように寝ていました。
　今朝は、〇〇時頃に目が覚め、ベッドに横になったまま、枕の左側の床に手を伸ばして健康マットのスイッチを切り、その後、起き上がってベッドの左側に降りました。これまで健康マットのスイッチを切り忘れたことはなかったと思います。
　普段は、高いところの荷物を取るために、たまにベッドの上に立ち、健康マットの上に乗ることもありました。
　姪からは、健康マットを折り畳んだりすると、断線する可能性があると聞かされていたので、折り畳んだことはありません。
　昨夜は、天井の照明のグローランプが消えたので、私がこのベッドに乗って交換し、その後、健康マットのスイッチを入れたのは午後〇〇時〇〇分頃で、布団に入ったのは午後〇〇時〇〇分頃です。❺
　そういえば、昨夜は布団に入ってから寝るまでの間に、プラスチック製でシーソーのような形をしているツボ押し器を健康マットの上に置いて、仰向けで10分間ほど体を揺すって腰をマッサージしました。
　このツボ押し器は、週2、3回くらいの頻度で、健康マットの上に置いて使っていました。ツボ押し器を使っている状況を書きますので参考にしてください。
　<u>このとき本職は、K林Ⅰ子が任意で作成した図及び健康マットとツボ押し器の位置関係等を確認するため、この場で撮影したツボ押し器の写真2枚を末尾に添付する。</u>❻

〔図、写真について、本書では省略します。〕

解説 ❺ 焼損の認められた健康マットについて、その購入や譲り受けの経緯、故障の経緯、普段の使用状況、特筆すべき使用状況、直近の使用状況を確認するための供述を得ています。

❻ その中でツボ押し器の件が特に重要であると考えて、ツボ押し器について詳細に録取しています。

注意 火災調査に際しては先入観を持ってはいけないと指導されてきていると思いますが、ポイントになると思われることを、重点的に調査することは必要なことです。

もちろん、プロの消防職員がポイントと思われることであり、質問調書を録取しながら、あらゆる状況を考え、当初予定していたこと以外でも必要があれば途中から方向転換して、質問内容を臨機応変に変えていかなければなりません。

2重下線の部分は、任意性を担保しなければならない質問調書において、供述人が任意に作成提出する図面であれば問題ありません。

しかし、写真撮影については、実況見分時に立会人の指示説明により復元して写真撮影を行うのがこれまでの方法ですが、この質問調書での方法も、強要していなければ特に問題はないでしょう。ただし、この方法は、質問調書を録取している場所が火災現場であること、質問調書録取者がカメラを持参していること、供述人に署名（サイン）を受けるときにこの写真が当日のものである旨のサインを受けるか、当日撮影したことが客観的に分かるようなものを同時に撮影するなど、いろいろな課題が残りますので、この方法しか記録が残せないときに限定されます。

私の寝室には、埋め込み式の2口コンセントが1か所あります。一方はこの部屋のエアコン、もう一方は延長コードが普段からつながっている状態です。

　健康マットのコードは、3メートルくらいの延長コードの4口タップに差し込んでいて、電話の子機、ラジオ、遠赤外線治療器、パルス式治療器などでも使いますが、同時に3か所以上は差し込まないようにしていました。

　延長コードは、床の中央をはっていて、部屋を通るときに家族が踏んだり蹴ったりすることはよくありました。❼

　近所では、放火や火遊びの話は聞いたことがなく、近所や家族間のトラブルもありません。

　家族でたばこを吸う者はいません。

　仏壇は長男の部屋にありますが、お線香をあげるのは、お盆のときぐらいです。

　戸締りは、いつも気を付けています。今日は、昼に出掛ける用事があったので、昨晩から窓は全て施錠していました。❽

　住宅用火災警報器は、去年の夏頃に煙感知器を2個買い、台所と6畳間の2か所の天井に長男が取り付ました。

　火事のときには鳴りませんでしたが、火事の後に点検ボタンを押したら音は鳴りました。

　私が寝ていた部屋は、火災警報器は付いていません。消火器は台所に1本あります。

　火事のときにけがはしていません。

　契約している火災保険会社は、○○火災で不動産に○○○万円、動産に○○○万円加入しています。❾

　　供述人　平成○○年○○月○○日　　K林　I子
　以上のとおり録取して読み聞かせたところ、相違ない旨申し立て署名した。

解説 ❼ ここでは、健康マットが電気を使うことから、出火室内の家電製品と健康マットの配線コードの接続状況について確認しています。

実況見分において、健康マットの配線コード等について見分することは当然ですが、出火当時の使用状況だけでなく、通常の使用状況も確認しておくことも必要です。

仮に、通常の使用方法に問題があれば、そのポイントについて、さらに質問をすることになります。

❽ ここでは、現場の焼損状況から微小火源による出火の可能性があることから、それらに関することについて質問するとともに、内部放火・外部放火に関することについて質問をしています。

そして、その質問に対する供述に関して、さらに確認する必要があれば、そのことをポイントにして質問を増やしていきます。

❾ ここでは、住宅火災対策、負傷者の発生状況と火災保険の加入状況について確認しています。仮に、負傷者がいれば必要な項目を録取し、火災保険の額が社会通念上の額を超えていれば、内部放火の可能性に係る質問をすることになります。

＊　**火災報告の調査項目**

01行010行（1）出火場所
01表011行（48）〜（50）業態・用途・防火対象物等の区分
　　　　　　　　　　　用途が専用住宅で業態と防火対象物の区分に該当しないこと。
01表012行（63）〜（68）工事の状況・構造・階数・建築面積・延面積（当該項目は実況見分時にも確認）
01表012行（69）〜（82）防火管理等の状況・消防用設備等の設置状況・住宅防火対策
02表010行（12）〜（16）り災世帯数・り災人員
02表011行（17）〜（36）死者数（人）・負傷者数（人）
02表012行（37）〜（39）損害額（算定に必要な事項）

試 験 結 果 書

　平成〇〇年〇〇月〇〇日（〇）〇〇時〇〇分頃、〇〇市〇〇区〇〇丁目〇〇番〇〇号で発生した火災における下記資料について、本職は火災原因を明らかにするため、次のとおり鑑識、試験を行った。
　　　　平成〇〇年〇〇月〇〇日

　　　　　　　　　　　　　　　所　　　属　〇〇消防署
　　　　　　　　　　　　　　　階級・氏名　消防〇〇　〇〇　〇〇　㊞

日　　時	平成〇〇年〇〇月〇〇日　　〇〇時〇〇分　開始 平成〇〇年〇〇月〇〇日　　〇〇時〇〇分　終了
場所及び資料	〇〇市〇〇区〇〇丁目〇〇番〇〇　〇〇消防署〇〇〇〇
立　会　人 職業（職）氏名	なし　　　　　　　　　　　　　　　　　　（　　歳）

1　実験日時
　⑴　平成〇〇年〇〇月〇〇日（〇）〇〇時〇〇分～〇〇時〇〇分
　⑵　平成〇〇年〇〇月〇〇日（〇）〇〇時〇〇分～〇〇時〇〇分
2　実験場所
　　〇〇市〇〇区〇〇丁目〇〇番〇〇　〇〇消防署〇〇〇〇
3　気象状況
　　天候：雨　気温：21℃　相対湿度：82％　実効湿度：72％
　　室内温度：25℃
4　実施者
　　〇〇消防署〇〇第〇課　〇〇〇〇以下6名
5　実施概要
　⑴　実験1（P.74）
　　　電気健康マットのスイッチを入れ、温度調整ダイヤルにより27℃に設定し、温度変化及び機能を実験する。
　⑵　実験2（P.74）
　　　電気健康マットの焼損箇所に掛け布団を被せ、温度設定を最高温度の65℃に設定し、温度上昇の変化を実験する。
6　使用資機材
　⑴　熱電対温度測定器（2本使用）
　⑵　壁掛け時計
　⑶　電気健康マット（〇〇社製　型式番号〇〇―△△△）
　⑷　掛け布団

7　実験結果
　⑴　実験1
　　　実験に先立ち、熱電対温度測定器2本を準備し、各々を検知棒A、Bとする。
　　　実験1では、実験開始時の電気健康マット（以下「健康マット」という。）は、外気温と同程度の25℃であり、その後、健康マットのスイッチを入れ、コネクター付近の検知棒Aの箇所では、温度が15分で設定温度（27℃）とほぼ同様の28℃まで上昇し、コントローラー燃焼ランプは消灯する。
　　　一方、焼損箇所付近の検地棒Bの箇所では温度に変化はない。
　　　15分後、コネクター付近の健康マットの表面温度が26℃を下回ると再度燃焼ランプが点灯し、設定温度とほぼ同様の温度まで上昇すると、燃焼と消灯を繰り返し、急激に温度が上昇することはなく、燃焼ランプ表示及び温度調整機能が正常であることが確認できた。
　⑵　実験2
　　　コネクター接続部付近の検知棒Aは、健康マット表面最高到達温度が56.5℃まで上昇し、燃焼ランプは温度の上下により、実験1と同様に燃焼ランプの点灯及び消灯を繰り返す。
　　　また、焼損箇所に掛け布団を掛けた内部の温度は、25～26℃と外気温とほぼ同様で変化は認められず、掛け布団は発煙するまでにも至らないことが確認できた。
　　以上の結果から、健康マットのコントローラーは正常に機能し、健康マット表面では適正な温度となるが、焼損箇所付近では発熱していないことから、出火前の状況と違うことが確認できた。
　　なお、コントローラーの設定温度は摂氏であることも確認できた。

注　試験資料を採取した当時の状況を明記しておくこと。

解説　本試験（実験）は、発火源と推定される電気健康マットが通常の使用状況で出火する可能性と、焼損が認められる箇所が、出火前の状況と違っていることについて確認することを目的に試験しました。
　このような試験は、熱電対があれば容易に実施できることから、積極的に実施しましょう。
　質問調書録取時は、コントローラーの温度調整ダイヤルの数字が摂氏の温度であるか明確でなかったので、供述のとおり○○度という表記をしましたが、実験の際に摂氏であることが確認できましたので、○○℃（摂氏○○度と表記する方法もあります。）と表記しています（試験結果を受けた火災原因判定書も同様です。）。

参考　立会人の必要性について
　本試験のように繰り返し実施しても同じ結果が得られるような場合、立会人は必要がないと思われます。しかし、より客観性を担保する必要がある場合は、メーカー、所轄警察署の立会いのほか、科学捜査研究所での合同試験を依頼するとよいでしょう。

・実験1・

健康マットの表面温度は、室内温度とほぼ同様で25.9℃を示している。

検知棒Aはコネクター側、検知棒Bは焼損箇所の直近に設定する。また、電源接続後に温度変化は認められない。

実験開始

電源を入れ、温度設定を27℃に設定し、コントローラーの燃焼ランプが赤く点灯することを確認し、温度変化を計測する。

15分経過から60分経過まで

15分経過時の検知棒Aは健康マット上の表面温度が28.5℃を示し、コントローラーの燃焼ランプが消灯する。

検知棒Bに温度変化はない。

ほぼ15分間隔で、コントローラーの燃焼ランプが点灯、消灯を繰り返し、検知棒Aの最高温度到達は28.5℃である。

・実験2・

検知棒Bの焼損箇所付近に、火災発生時に置かれていた掛け布団の切れ端を焼損箇所に被せ、最高温度の65℃に設定し、温度変化を計測する。

15分経過

15分経過時の検知棒Aは、36.3℃であり、燃焼は継続されている。

温度は時間の経過とともに徐々に上昇し、燃焼ランプは継続して点灯する。

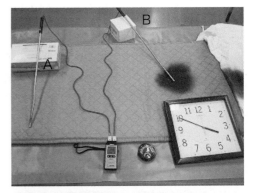

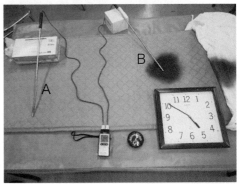

4時間経過

　検知棒Ａの最高温度は、56.5℃を示し、燃焼ランプは継続して点灯していた。

　検知棒Ｂは、25～26℃で、ほぼ変化は認められない。

　継続して温度変化を計測するが、温度変化は、設定温度とほぼ同様で、異常な温度上昇がないことから、ここで実験を終了する。

建物・収容物損害明細書

　平成○○年○○月○○日（○）○○時○○分頃、○○市○○区○○丁目○○番○○号で発生した火災について、調査した結果は次のとおりです。

平成○○年○○月○○日

所　　　属　○○消防署
階級・氏名　消防○○　○○　○○　印

火元・類焼の別	火元		
建物所在地	○○区○○丁目 ○○番○○号		
関係者（占・管・所）	K林　I子 （占・管・所）	（占・管・所）	（占・管・所）
構造・階数	○造○階建		
用　途	専用住宅		
建築面積	○○m²	m²	m²
延べ面積	○○○m²	m²	m²

り災状況	焼損床面積	階　　m² 階　　m²	階　　m² 階　　m²	階　　m² 階　　m²
	焼損表面積	階　　m² 階　　m²	階　　m² 階　　m²	階　　m² 階　　m²
	計	床　　m² 表　　m²	床　　m² 表　　m²	床　　m² 表　　m²
	その他	電気健康マット等		
	焼損・り災程度	ぼや・小損		
	り災世帯（人員）	1世帯3人	世帯　人	世帯　人
	死傷者	人	人	人

損害額	建物	焼き	千円	千円	千円
		消火	千円	千円	千円
		爆発	千円	千円	千円
		計	千円	千円	千円
	収容物	焼き	○○千円	千円	千円
		消火	千円	千円	千円
		爆発	千円	千円	千円
		計	○○千円	千円	千円
	その他		千円	千円	千円
	合計		○○千円	千円	千円

火災保険	保険会社名	○○火災株式会社		
	契約年月日	○○年○○月○○日		
	保険金額	○○○○千円	千円	千円

スプレー缶火災

・火災概要・

1 出火時刻・出火場所
　平成○○年○○月○○日（○）○○時頃、○○市内の耐火建築物5階建居住商業併用建築物より発生

2 原　因
　スプレー缶の破損により漏れた可燃性ガスにこんろの炎が引火

3 り災程度
　スプレー缶1本焼損、窓ガラス4枚及び収容物若干破損

4 関係者
　(1)　火元者……Y本　M男（○○歳）
　(2)　所有者……S木　K男（○○歳）
　(3)　通報者……Y本　U子（○○歳）

・例示している火災調査書類・

- 火災調査書
- 火災原因判定書
- 消防用設備等の状況
- 実況見分調書（第1回）
- 質問調書（第1回）
- 建物・収容物損害明細書

火災調査書

平成〇〇年〇〇月〇〇日

火 災 調 査 書

所　　　属　〇〇消防署
階級・氏名　消防〇〇　　〇〇　〇〇　印

覚知日時	平成〇〇年〇〇月〇〇日（〇）〇〇時〇〇分	覚知方法	１１９ （携帯電話）
火災種別	建物火災　　出火日時　平成〇〇年〇〇月〇〇日（〇）〇〇時〇〇分頃		
出火場所	〇〇市〇〇区〇〇町〇〇丁目〇〇番地〇〇	用　途	居住商業併用
建物名称等		業　態	
事業所名		用途地域	近隣商業地域

火元	■占有者　□管理者　□所有者		
	住所	〇〇市〇〇区〇〇町〇〇丁目〇〇番地〇〇	
	職業	〇〇〇	氏名　Y本　M男（〇〇歳）

り災程度

（火元の状況）
　耐火建築物５階建居住商業併用建築物、建築面積〇〇〇平方メートル、延べ面積〇,〇〇〇平方メートルのうち、共同住宅部分の〇階〇〇号室内のスプレー缶１本焼損、窓ガラス４枚及び収容物若干破損

（類焼の状況）
なし

焼損棟数	全焼　　棟　半焼　　棟　部分焼　　棟　ぼや１棟　　合計１棟		
焼損面積	床面積　　　　　０㎡ 表面積　　　　　０㎡	損害額	〇〇千円
死傷者	死者　　　　　　　人	り災人員等	り災世帯　　　　１世帯
	負傷者　　　　　　人		り災人員　　　　２人

解説 この火災事例では、用途に係る記載は、火災報告取扱要領の「建築物用途別分類」の中分類の内容にしてあります。

　火災調査に係る用途を記載する場合は、火災報告取扱要領の分類によることを薦めますが、例えば、店舗併用住宅、複合用途などと消防法施行令別表による表現でも間違えが無ければ支障はないと思います。

　また、「建築物用途別分類」の大分類、中分類、小分類のどの表現を用いるかは、いろいろなケースがありますので、その対象物が分かりやすい表現にします。例えば、共同住宅の場合は、中分類ですと専用住宅となりますので、この場合は小分類の共同住宅とする方が分かりやすいのではないでしょうか。

気象	天候	風向	風速	気温	相対湿度	実効湿度	気象注意報等
	晴	北北東	1.3m/s	7.2℃	36.0%	47.8%	乾燥注意報
	出火箇所	(1140) 台所			経過	(26) 引火する	
	発火源	(2102) ガステーブル			着火物	(228) LPG（スプレー用）	

原因

（概要）
　本火災は、火元者の妻、Y本U子（○○歳）が、台所内に設置された都市ガス用ビルトイン型グリル付3口ガステーブルのグリル排気口の上にスプレー缶を置いたまま、こんろを使用する際にガステーブル右側にあるグリルの点火スイッチを誤って押したため、グリル排気口から高温の空気が排出されてスプレー缶が熱せられ、内圧が上昇したことにより、スプレー缶が破損して内部のLPG等の可燃性ガスが漏れ、使用中の強火力バーナーの炎に引火して出火したもの

備考

解説 「こんろ」はカタカナで「コンロ」と表現される方もいますが、火災報告取扱要領の出火原因分類表の1表発火源では、「こんろ」と平仮名表記されていますので、平仮名で表現しています。ただし、「コンロ」でも間違いではないので、どちらかに統一されることを薦めます。

火災原因判定書

表記の火災について、次のとおり判定します。
出火日時　平成〇〇年〇〇月〇〇日（〇）〇〇時〇〇分頃
出火場所　〇〇市〇〇区〇〇町〇〇丁目〇〇番地〇〇
火元者　職業・氏名　〇〇〇　　Y本　M男

平成〇〇年〇〇月〇〇日

所　属　〇〇消防署
階級・氏名　消防〇〇　　〇〇　〇〇　㊞

発見状況	発見者　■占有者　　□管理者　　□所有者　　□その他（　　　　　） 住所　　〇〇市〇〇区〇〇町〇〇丁目〇〇番地〇〇 職業　　〇〇〇　　　　氏名　Y本　U子（〇〇歳） 　火元者の妻、Y本U子（〇〇歳）は、出火当日、台所内に設置されている都市ガス用ビルトイン型グリル付3口ガステーブル（以下「ガステーブル」という。）で、パスタをゆでている最中に「バン」という音を聞き、ガステーブルの方を見ると、床に落ちているスプレー缶の底の部分から約15センチメートルの炎が上がっている本火災を発見した（添付Y本U子の質問調書（第1回）参照）。
通報状況	通報者　■占有者　　□管理者　　□所有者　　□その他（　　　　　） 住所　　〇〇市〇〇区〇〇町〇〇丁目〇〇番地〇〇 職業　　〇〇〇　　　　氏名　Y本　U子（〇〇歳） 　Y本U子は、本火災を発見後、片手鍋に台所の水道水を1杯汲んでスプレー缶に掛け初期消火をした。その後、部屋の窓を全て開けベランダから外を見ると、道路に物干し竿とガラスが飛び散っているのを認めた。 　その後、玄関から外に出ると、隣人に会い、音の説明などをした後、自分の持っている携帯電話（〇〇〇-〇〇〇〇-〇〇〇〇）で「台所で調理をしていたら、爆発が起きて鍋が飛んで窓が割れています」と119番通報をした（添付U子の質問調書（第1回）参照）。
出火前の状況	火元　■建物　　□車両（　　　　　　　）　□その他（　　　　　　　） 構造　□木造　□防火　□準耐（木）　□準耐（非木）　■耐火　□その他 用途　居住商業併用建築物　　階数〇階　　建築面積　〇〇〇㎡ 　　　延べ面積　〇,〇〇〇㎡ 関係者の行動等 1　出火建物は南北に細長い、耐火建築物5階建、建築面積〇〇〇平方メートル、延べ面積〇,〇〇〇平方メートルの居住商業併用建築物で、出火した〇〇号室はY本M男が、所有者のS木K男と賃貸契約し平成〇〇年〇〇月から夫婦で居住している。 2　Y本U子は、出火当日の昼過ぎに起床し、台所内のガステーブルで両手鍋に水を入れ火に掛けたまま、5分ほど浴室でシャワーを浴びた後、水が沸騰した鍋にパスタを入れて部屋の片付けをしていたところ、2、3分後に「バン」という音を聞いている（添付U子の質問調書（第1回）参照）。

	3　出火当時、ガステーブルのグリル排気口上に虫退治用スプレー缶を置いていた。
出火日時	出火日時　　平成〇〇年〇〇月〇〇日（〇）　〇〇時〇〇分頃 推定理由 1　発見状況の欄に記載のとおり、Y本U子は「バン」という音を聞いた後、スプレー缶の底から炎が上がっているのを認めていること。 2　通報状況の欄に記載のとおり、U子は、初期消火活動実施後、部屋の窓を開け、玄関を出て隣人と立ち話後に119番通報をしており、この通報を〇〇指令センターは〇〇時〇〇分に受信していること。 　上記1、2の関係者の発見、消火、通報状況から考察して、本火災の出火時刻を覚知の〇分前の〇〇時〇〇分と推定する。
出火箇所	出火建物　　〇〇 出火階　〇階　　出火室　台所　　出火箇所　ガステーブル 判定理由 1　実況見分調書（第1回）に記載のとおり、各室内に焼けや煤けは確認できないが、洋室Aの北側にある引き違いガラス戸は、ガラスが破損し、屋外に散乱しているほか、台所の床には、ガステーブルを中心にパスタの麺、五徳、両手鍋、スプレー缶が散乱していること。 2　Y本U子の質問調書（第1回）に記載のとおり、U子は、ガステーブルでパスタをゆでている時、バンという大きな音を聞き、台所の床に落ちている底が抜けたスプレー缶から、高さ約15センチメートルの炎を認めている。 　以上1、2から考察して、出火室を台所、出火箇所を台所内ガステーブル上と判定する（添付出火箇所位置図参照）。
出火原因判定の理由	実況見分調書（第1回）及びY本U子の質問調書（第1回）に記載のとおり、本火災は、U子が在宅中に出火していることから外部放火は考えられず、現場の焼損状況及び出火後のU子の行動から内部放火も考えにくい。また、ガステーブル付近には電気機器がないことから、火源として考えられるガステーブル及びスプレー缶による出火について、以下検討する。 1　ガステーブルについて 　実況見分調書に記載のとおり、ガステーブルの点火スイッチは、向かって右側に強火力バーナーのこんろとグリルのスイッチが接して並んでいる状況である。 　U子は、質問調書で「鍋を見ると沸騰していたので、パスタを入れました」と供述をしていることと、実況見分時に若干ゆでられたパスタを認めている。 　さらに、U子は、「こんろに火をつけたとき、隣のグリルのスイッチを押した記憶はありません」と供述しているものの、火災状況見分調書〔略〕に記載のとおり、先着した救助隊長は、ガステーブル右側の2つの点火スイッチが押されていたことを認め、U子に確認させていることから、U子がこんろに火をつける際、誤ってこんろとともにグリルのスイッチを押して、グリルが点火さ

火災原因判定書	れ、グリル排気口からは高温の空気が出ていたと考察できる。 2　スプレー缶について 　(1)　実況見分調書（第1回）3　焼損状況の欄に記載のとおり、スプレー缶は殺虫剤であり、スプレー缶には成分と容量等が「1号灯油、LPG、DME、他1成分、容量は300ml、第三石油類、危険物等級Ⅲ〇〇〇〇、〇〇ml、火気厳禁」との記載があるほか、注意事項として「火気と高温に注意。高温にすると破裂の危険があるため、直射日光の当たる所やストーブ、ファンヒーターの近くなど温度が40℃以上となる所に置かないこと」と記載されている。 　　スプレー缶はグリル排気口の中央付近の上に置かれ、U子が火をつけた強火力バーナーのこんろからも近い位置であった。 　　また、スプレー缶は底蓋が抜け、底蓋は凹凸に変形しているほか、内部が煤けていることから、容器が破裂し充填されていたLPG等の可燃性ガスにこんろの火が引火したことが考えられる。 　(2)　U子の質問調書（第1回）に記載のとおり、U子は、「バン」という大きな音を聞いた後に、室内を確認すると、台所の床には両手鍋や麺、五徳が散乱しており、破損したスプレー缶の底部から出ていた炎を確認している。 　以上のことから、ガステーブルのこんろを点火する際に誤ってグリルも点火させたことで、グリル排気口上に置かれていたスプレー缶が熱せられ、内圧が上昇し破裂して、充填されていた可燃性ガスが漏れ出し、使用中のこんろの火が引火し、出火したことは十分に考えられる。
結論	本火災は、Y本U子（〇〇歳）が、ガステーブルのグリル排気口の上に殺虫剤のスプレー缶を置いたまま、こんろを使用する際に誤ってこんろのスイッチに隣接しているグリルの点火スイッチを押したため、グリル排気口から高温の空気が排出されて、スプレー缶が熱せられて内圧が上昇したことから、スプレー缶が破損し、充填されていたLPG等の可燃性ガスが漏れ、使用中のこんろの火が引火し、出火したものと判定する。

〔出火箇所位置図について、本書では省略します。〕

消防用設備等の状況

 出火日時　平成〇〇年〇〇月〇〇日（〇）〇〇時〇〇分頃、〇〇市〇〇区〇〇町〇〇丁目〇〇番地〇〇で発生した火災について、調査した結果は次のとおりです。
　　　　　　　　平成〇〇年〇〇月〇〇日
　　　　　　　　　　　　　　所　　　属　〇〇消防署
　　　　　　　　　　　　　　階級・氏名　消防〇〇　〇〇　〇〇　印

出火階における消防用設備等の設置状況
　〇階の屋外共用廊下には、粉末ABC消火器10型1本、非常警報設備の起動装置1基、誘導灯1基及び〇〇号室、〇〇号室、〇〇号室の計3室のベランダ内に各々避難器具が設置されている。

消防用設備等の作動又は使用状況及び効果の有無
　なし

初期消火活動の状況
　スプレー缶の底の部分から、オレンジ色の炎が、約15センチメートル上がっているのを発見したY本U子（〇〇歳）は、片手鍋に台所の水道水を汲んで、それを掛けて初期消火活動を実施した。

実況見分調書

実況見分調書(第1回)

表記の火災について、関係者の承諾を得て、り災状況を明らかにするため次のとおり見分した。

平成○○年○○月○○日
所　　　属　○○消防署
階級・氏名　消防○○　○○　○○　印

日　　　時	平成○○年○○月○○日○○時○○分　開始 平成○○年○○月○○日○○時○○分　終了
場所及び物件等	○○市○○区○○町○○丁目○○番地○○　○○及び付近一帯
立　会　人	Y本　U子（○○歳）

1 現場の位置及び付近の状況
　⑴　現場の位置
　　　現場は、所轄○○消防署から東南東へ直線距離約1,100メートル、○○急行電鉄○○○○線○○○駅から北北東へ直線距離約50メートルの地点で、付近一帯は共同住宅や専用住宅が建ち並ぶ地域であり、都市計画法による用途地域は近隣商業地域で準防火地域に指定されている（添付図1参照）。
　　　以下の見分は、便宜上、北西を北として実施する。
　⑵　現場付近の状況
　　　現場付近の状況は、北側は7.0メートルの公道を隔てて、高さ1.1メートルのコンクリート塀上に高さ0.6メートルのアルミ製フェンスを介して2.4メートル離れ、防火構造建築物2階建専用住宅、東側は高さ3.0メートルのコンクリート塀を介して空地、南側は東寄りが6.9メートル離れて耐火建築物5階建居住商業併用建築物、西寄りは5.2メートル離れ、高さ1.6メートルのコンクリート塀を介して2.6メートル離れ、木造建築物2階建専用住宅、西側は5.0メートルの公道を隔てて、1.2メートル離れ、耐火建築物6階建共同住宅及び耐火建築物4階建共同住宅となっている（添付図2参照）。
2 現場の模様
　⑴　建物外周部について
　　　焼損建物は南北に細長い耐火建築物5階建居住商業併用建築物で、1階には三つの事務所、2階から5階は合計14部屋からなる共同住宅で、建物西側1階が出入口となっている。
　　　建物外周について、建物を一周し外観を見分すると、焼損箇所は認められないものの北側の公道にガラスの破片が散乱しているので、その上部を見分すると○階の北端に位置する部屋の北側のアルミサッシのガラスが破損しているのが認められる（添付図2及び写真1（P.89）参照）。

(2) 建物内部の状況

建物西側中央付近に位置する出入口より建物内に入り内部を見分すると、各階の廊下、階段室等には焼損箇所が認められないので、アルミサッシのガラスが破損している○階の北の端に位置する○○号室の室内を見分する。

ア ○○号室内の状況

○○号室の南側玄関から室内に入り、ダイニングキッチンに通じる廊下から、浴室、便所、和室を見分するも焼損箇所は認められない。

続いて、ダイニングキッチンの西側に隣接する、4.5畳大の洋室A、6畳大の洋室Bを見分する（添付図3、4参照）。

イ 洋室Aの状況

洋室Aに入り室内を見分すると、壁、床、天井及びテレビ等の収容物に焼損箇所は確認できない。

洋室Aの西側にあるアルミサッシの引き違いのテラス戸（以下「テラス戸」という。）を見分すると、北側のテラス戸は上部の窓ガラスに縦にひびが一筋入り、南側のテラス戸は上部の窓ガラスに斜めにひびが一筋入っている。

次に、室内北側のテラス戸を見分すると、設置されているダブルのカーテンレールは、西側の端が固定されているものの斜めに傾いている。

外側のレールにはレースのカーテンが2枚付けられ、東側の1枚はまくれ上がり、内側には木綿のカーテンが1枚付けられており、テラス戸の内側の床上に同様のカーテンが1枚認められる。

続いて、テラス戸を見分すると、テラス戸は東側に寄せられて開いており、東側に寄せられている外側のテラス戸に異常は認められないが、内側のテラス戸は、上部のガラスが破損し窓枠のゴムパッキンが垂れ下がっており、室内にはガラス片は確認できないものの、テラス戸北側のベランダには、ガラスの破片が散乱している。ここで、テラス戸の開閉とカーテンについて立会人に説明を求めると、「テラス戸は爆発の時は閉まっていました。カーテンは厚手の物とレースの物が左右に2枚ずつ付いていました」と説明する（添付図4及び写真2、3（P.89）、4（P.90）参照）。

ウ 洋室Bの状況

洋室Bに入り室内を見分すると、室内にはベッド2台が置かれており、壁、床、天井及びベッド等の収容物に焼損は認められない。

西側には腰高引き違い窓があり、窓ガラスは網入り板ガラスで、南寄りの窓ガラスには縦に数本のひびが入っている（添付図4及び写真5、6（P.90）参照）。

エ ダイニングキッチンの状況

洋室Aの入口付近からダイニングキッチンを見分すると、東側の壁に沿って食器棚や冷蔵庫が置かれている。

南側はシステムキッチンとなり、システムキッチンは東側からガステーブル、シンクの順となっており、ダイニングキッチン内の壁、天井及び家具等に焼損は認められない。

実況見分調書

　　次に、ダイニングキッチンの床を確認すると、システムキッチンの北側に両手鍋、若干ゆでた感じのパスタの麺、五徳、緑色のスプレー缶が散乱している（添付図4及び写真7（P.91）参照）。
　　次に、システムキッチンの北側に立ちシステムキッチンに向かい、便宜上東側を左、西側を右として見分する。
　　まず、上方の天井、吊り戸棚及び換気扇を見分するが、焼損は認められない（添付図4及び写真8、9（P.91）参照）。
　　続いて、換気扇下のビルトイン型グリル付3口ガステーブル（以下「ガステーブル」という。）を見分すると、焼けは確認できないが、ガステーブルの上には緑色のプラスチック片が散乱し、左の標準バーナーの五徳及び汁受けのほか、中央奥にある小バーナーの五徳が確認できない。
　　ガステーブルのトッププレート左手前には、Siセンサーのシールが貼付され、3か所のバーナーにはそれぞれ、温度センサーが設置されている。
　　ガステーブルの点火スイッチはプッシュ式で、グリル扉を中心に左右にそれぞれ2個接して並んでおり、右側の2個の点火スイッチは、左がグリル用で右がガステーブル右側の強火力バーナーのこんろ用となっている（添付図4及び写真10（P.92）参照）。

3　焼損状況
　　立会人に鍋を火に掛けた状況について説明を求め、ガステーブル上を復元すると、床に散乱している五徳と汁受けは、標準バーナー及び小バーナーのこんろのものであり、ガステーブル上には、左奥に木箱、ガステーブル中央付近のグリル排気口の上に緑色のスプレー缶、強火力バーナーのこんろの五徳上に両手鍋が置かれていたとのことである（添付図5参照）。
　　ガステーブルは電池ボックス内の印字から「○○」社製で型番は「○○」○○年○○月製造であることが確認できる（添付図4及び写真11、12（P.92）参照）。
　　ここで、変形しているスプレー缶を詳細に見分すると、外部には焼け、煤け及び変色は確認できないが、スプレー缶の上部は一部がへこんでいる。
　　また、下部は底が抜けており、底蓋は「○○」と印字されているのが確認できるものの著しく変形して、スプレー缶の内部には煤の付着が認められる。
　　スプレー缶の側面には「○○株式会社、○○」との製造会社及び商品名のほか、反対側には「その他の成分」欄に「1号灯油、LPG、DME、他1成分」、容量は「300ml」、「第三石油類、危険物等級Ⅲ○○○○、○○ml、火気厳禁」と記載されている。
　　また、注意事項として「火気と高温に注意」「高温にすると破裂の危険があるため、直射日光の当たる所やストーブ、ファンヒーターの近くなど温度が40℃以上となる所に置かないこと」との記載があることを確認する（写真13～15（P.93）参照）。

〔図1～5について、本書では省略します。〕

写真1	写真説明
撮影日	平成○○年○○月○○日
撮影者 （所属・ 階級・氏名）	○○消防署 消防○○　○○　○○
撮影位置	図2の①から建物外観の状況

写真2	写真説明
撮影日	平成○○年○○月○○日
撮影者 （所属・ 階級・氏名）	○○消防署 消防○○　○○　○○
撮影位置	図4の②から洋室Aの状況

写真3	写真説明
撮影日	平成○○年○○月○○日
撮影者 （所属・ 階級・氏名）	○○消防署 消防○○　○○　○○
撮影位置	図4の③から洋室A北側ガラス戸の状況

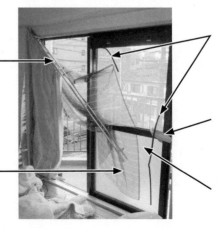

解説 本書では図面を省略していますが、実際の書類作成時には「写真撮影位置」を図面に記載すると分かりやすくなります。

事例2　スプレー缶火災

写真4	写真説明
撮影日	平成〇〇年〇〇月〇〇日
撮影者（所属・階級・氏名）	〇〇消防署 消防〇〇　〇〇　〇〇
撮影位置	図4の④から洋室Aの西側ガラス戸の状況

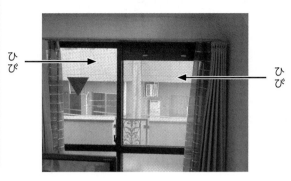

ひび　　ひび

写真5	写真説明
撮影日	平成〇〇年〇〇月〇〇日
撮影者（所属・階級・氏名）	〇〇消防署 消防〇〇　〇〇　〇〇
撮影位置	図4の⑤から洋室Bの状況

腰高引き違い窓

写真6	写真説明
撮影日	平成〇〇年〇〇月〇〇日
撮影者（所属・階級・氏名）	〇〇消防署 消防〇〇　〇〇　〇〇
撮影位置	図4の⑥から洋室Bの西側の状況

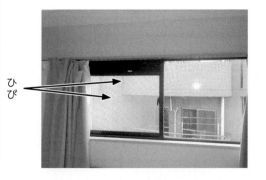

ひび

写真7	写真説明
撮影日	平成〇〇年〇〇月〇〇日
撮影者 （所属・ 階級・氏名）	〇〇消防署 消防〇〇　〇〇　〇〇
撮影位置	図4の⑦からダイニングキッチン床面の状況

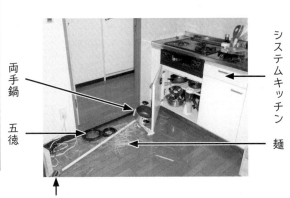

システムキッチン
両手鍋
五徳
麺
スプレー缶

実況見分調書

写真8	写真説明
撮影日	平成〇〇年〇〇月〇〇日
撮影者 （所属・ 階級・氏名）	〇〇消防署 消防〇〇　〇〇　〇〇
撮影位置	図4の⑧からダイニングキッチンの上方の状況

吊り戸棚
換気扇

写真9	写真説明
撮影日	平成〇〇年〇〇月〇〇日
撮影者 （所属・ 階級・氏名）	〇〇消防署 消防〇〇　〇〇　〇〇
撮影位置	図4の⑨から換気扇の状況

写真10	写真説明
撮影日	平成○○年○○月○○日
撮影者 （所属・ 階級・氏名）	○○消防署 消防○○　○○　○○
撮影位置	図4の⑩からガステーブルの状況

プラスチック片／温度センサー／標準バーナー／シール／小バーナー／強火カバーナー

写真11	写真説明
撮影日	平成○○年○○月○○日
撮影者 （所属・ 階級・氏名）	○○消防署 消防○○　○○　○○
撮影位置	図4の⑪からガステーブル側面の状況

点火サインマーク／標準バーナー用スイッチ／強火カバーナー用スイッチ／小バーナー用スイッチ／グリル用スイッチ

写真12	写真説明
撮影日	平成○○年○○月○○日
撮影者 （所属・ 階級・氏名）	○○消防署 消防○○　○○　○○
撮影位置	図4の⑫からガステーブル電池ボックス内の状況

印字「○○」

写真13	写真説明
撮影日	平成○○年○○月○○日
撮影者（所属・階級・氏名）	○○消防署 消防○○　○○　○○
撮影位置	スプレー缶の状況

印字「○○」 →

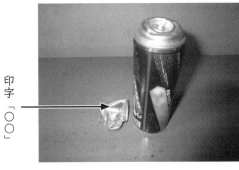

写真14	写真説明
撮影日	平成○○年○○月○○日
撮影者（所属・階級・氏名）	○○消防署 消防○○　○○　○○
撮影位置	スプレー缶内部の状況

写真15	写真説明
撮影日	平成○○年○○月○○日
撮影者（所属・階級・氏名）	○○消防署 消防○○　○○　○○
撮影位置	スプレー缶側面の状況

実況見分調書

事例2　スプレー缶火災

質 問 調 書（第1回）

　平成〇〇年〇〇月〇〇日（〇）〇〇時〇〇分頃、〇〇市〇〇区〇〇丁目〇〇番〇〇号で発生した火災について、次の関係者に質問したところ任意に次のとおり供述した。
　　　　　　　　　　　　　　　　　　平成〇〇年〇〇月〇〇日
　　　　　　　　　　　　　　所　　　属　〇〇消防署
　　　　　　　　　　　　　　階級・氏名　消防〇〇　〇〇　〇〇　　印

住　　　　　　所	〇〇市〇〇区〇〇町〇〇丁目〇〇番地〇〇—〇〇
職　業・氏　名	〇〇〇　　　　Y本　　U子
生年月日・年齢	昭和〇〇年〇〇月〇〇日　　　〇〇歳
火災との関係	出火建物等の（■占有者　□管理者　□所有者） ■発見者　■通報者　■初期消火者 □その他（　　　　　）
質問年月日・時間	平成〇〇年〇〇月〇〇日（〇）　〇〇時〇〇分〜〇〇時〇〇分
質　問　場　所	〇〇方リビング

　私の部屋で火事があった時のことについてお話しします。
　私は夫M男（〇〇歳）と2人で昨年の〇〇月からこのマンションに住んでいます。
　今日は、M男は仕事ですが、私は休みで〇〇時過ぎに起きました。
　起きてからしばらくして、パスタを食べようと思い、鍋に水を入れて台所のガスこんろの右側のところに置き、火をつけ、火力は「強」にしていました。
　そして、こんろに火をつけたままシャワーを浴びにいき、5分くらいで出てきました。
　リビングに戻り、鍋を見ると沸騰していたので、パスタを入れました。
　パスタがゆで上がるまで時間があると思い、寝室の片付けをしていると、突然「バン」と大きな音がしました。
　音がしたのは、パスタを入れてから2分か3分経ったころだと思います。❶
　音がした後、こんろの方を見ると、床にパスタをゆでていた鍋と虫退治用のスプレー缶が落ちていて、スプレー缶の底の部分から、オレンジ色の火が、15センチメートルくらい上がっていたので、台所の水道水を片手鍋に汲み、1杯掛けて消しました。❷
　今考えると、「バン」という音がする前に「カン」という音がしましたが、気にはしませんでした。
　スプレー缶の火を消した後、薄い灰色の煙が出て、薬品のような臭いがして、のどが痛くなったので、部屋の全ての窓を開けました。
　その時に、テレビのある部屋のベランダ側の窓が割れ、カーテンレールが壊れているのが分かりました。

解説

❶ 供述人と火災の関係を明らかにします。
こんろに鍋を掛けて火をつけた事実関係を明確にしています。

❷ 火災発見時の状況と初期消火活動の状況を確認しています。

ベランダから外を見ると、道路に私のところの物干し竿が落ち、ガラスが飛び散っていました。
　物干し竿を拾いに外に出るため玄関を出ると、隣に住んでいる女性に音のことを聞かれ、二言、三言の話をしてから、自分の携帯電話、電話番号「○○○－○○○○－○○○○」で、「台所で調理をしていたら、爆発が起きて鍋が飛んで窓が割れています」と、119番通報をしました。❸
　私の携帯電話を見て発信履歴を確認してください。
　ここで本職は、任意に示されたＹ本Ｕ子の携帯電話の発信履歴を確認すると、○○時○○分であることを確認するとともに、携帯電話の表示している時刻がテレビに表示されている時刻と同時刻であることを確認する。❹
　爆発の時、主人は仕事のため、家には私１人しかいませんでした。
　こんろは○○ガスのこんろで、昨年越してきた時に新しいものになり、それ以降故障したりしたことはありません。
　こんろに火をつけた時、隣のグリルのスイッチを押した記憶はありませんが、消防署の人が来た時に一緒に確認すると、こんろとグリルのスイッチが押されていました。
　普段料理をするときにグリルはほとんど使いません。また、グリルをつけた時に、外見上は炎が見えません。❺
　こんろに火をつけた時に、換気扇は回していませんでした。
　爆発が起きた時も火を消した時にも、けがはしていません。❻
　この部屋は賃貸で、○○駅前の○○不動産を介して賃貸契約をしましたが、所有者の方は書類で確認しないと分かりません。
　火災保険には加入していますが、保険会社、保険の種類や保険金額は、すぐには分かりません。❼

　　供述人　平成○○年○○月○○日　Ｙ本　Ｕ子
　以上のとおり録取して読み聞かせたところ、相違ない旨申し立て署名した。

解説 ❸ 現場の窓ガラスやカーテンレール等の破損状況を確認するとともに、通報までの時間経過を明らかにしています。

❹ 近年、携帯電話やスマートフォンで発信履歴が確認できることから、このような方法で発信履歴を確認する質問調書を見受けることがありますが、通報時刻は消防機関の覚知時刻で確認できますので、その必要はないでしょう。これが、消防機関へ通報せずに知人や家族等に電話をして、色々なやり取りがあった後で消防機関へ通報した場合は、時間経過を明確にするために必要なこともありますので、要領だけを参考にしていただければと思います。

参考 注意することは、任意性を担保することであり、任意性について記載するとともに、こちらから強要することがないようにすることです。

解説 ❺ 本事例のポイントの一つとして、ガステーブルのグリルのスイッチが押されていたことがありますので、火災状況見分調書の客観的事実と質問調書で任意の供述を得ています。また、グリルはほとんど使用していないことを確認していますが、グリルをつけた時に外見上は炎が見えないことを実況見分時に試した方がよかったでしょう。

❻ 関係者のけがの有無を確認します。けがをしていれば、火災報告で必要な負傷者の区分、避難方法、性別、年齢、受傷原因、負傷程度等を確認する必要があります。

❼ 火災保険等は分からなければ、この場で質問調書に録取する必要はなく、り災届出等で確認することとして、正確ではないことをこの場で記載しない方がよいでしょう。

例えば、「火災保険は○○会社で○○○円です」と記載して残すと、間違っていた場合に損害明細書等と整合性が取れなくなるためです。

建物・収容物損害明細書

建物・収容物損害明細書

平成〇〇年〇〇月〇〇日（〇）〇〇時〇〇分頃、〇〇市〇〇区〇〇丁目〇〇番地〇〇-〇〇で発生した火災について、調査した結果は次のとおりです。

平成〇〇年〇〇月〇〇日

所　属　〇〇消防署

階級・氏名　消防〇〇　〇〇　〇〇　印

火元・類焼の別	火元	火元	
建物所在地	〇〇区〇〇町〇〇丁目〇〇番地〇〇-〇〇	〇〇区〇〇町〇〇丁目〇〇番地〇〇-〇〇	
関係者（占・管・所）	Y本　M男　（占）	S木　K男　（所）	（占・管・所）
構造・階数		耐火造　〇階建	
用　途		居住商業併用	
建築面積	㎡	〇〇〇㎡	㎡
延べ面積	㎡	〇,〇〇〇㎡	㎡
り災状況	焼損床面積	階　　　　㎡ 階　　　　㎡	階　　　　㎡ 階　　　　㎡	階　　　　㎡ 階　　　　㎡
	焼損表面積	階　　　　㎡ 階　　　　㎡	階　　　　㎡ 階　　　　㎡	階　　　　㎡ 階　　　　㎡
	計	床　　　　㎡ 表　　　　㎡	床　　　　㎡ 表　　　　㎡	床　　　　㎡ 表　　　　㎡
	その他	スプレー缶1本焼損、収容物若干破損	窓ガラス4枚破損	
	焼損・り災程度	ぼや	小損	
	り災世帯(人員)	1世帯2人	世帯　　人	世帯　　人
	死傷者	人	人	人
損害額	建物	焼き	円	円	千円
		消火	円	円	千円
		爆発	円	〇〇,〇〇〇円	千円
		計	円	〇〇,〇〇〇円	千円
	収容物	焼き	〇〇,〇〇〇円	円	千円
		消火	円	円	千円
		爆発	〇〇,〇〇〇円	円	千円
		計	〇〇,〇〇〇円	円	千円
	その他		円	円	千円
	合計		〇〇,〇〇〇円	〇〇,〇〇〇円	千円
火災保険	保険会社名	〇〇保険株式会社	〇〇保険株式会社	
	契約年月日	平成〇〇年〇〇月〇〇日	平成〇〇年〇〇月〇〇日	
	保険金額	〇〇,〇〇〇千円	〇〇,〇〇〇千円	千円

 損害額の「〇」の数は、実際の単位とは異なります。

たばこ火災

・火災概要・

1　出火時刻・出火場所
　　平成○○年○○月○○日（○）○○時頃、○○市内の共同住宅より発生

2　原　因
　　○階○○○号室台所のごみ箱内に火種のついたたばこの吸殻を投げ入れたことによりごみ屑に着火

3　り災程度
　　○階○○○号室の台所約4平方メートル及び外壁1平方メートル焼損、パーテーション1枚並びに窓ガラス1枚破損

4　関係者
　　(1)　火元者……I田T男（○○歳）
　　(2)　所有者……同　　上
　　(3)　通報者……N野A男（○○歳）

・例示している火災調査書類・

・　火災調査書
・　火災原因判定書
・　実況見分調書（第1回）

火災調査書

平成〇〇年〇〇月〇〇日

火 災 調 査 書

所　　　属　〇〇消防署
階級・氏名　消防〇〇　　〇〇　〇〇　印

覚知日時	平成〇〇年〇〇月〇〇日（〇）〇〇時〇〇分	覚知方法	１１９ （携帯電話）
火災種別	建物火災　　出火日時　平成〇〇年〇〇月〇〇日（〇）〇〇時〇〇分頃		
出火場所	〇〇市〇〇区〇〇町〇〇〇番地	用　　途	共同住宅
建物名称等	〇〇プラザ	業　　態	
事業所名		用途地域	１住

火元者	□占有者　　□管理者　　■所有者			
	住所	〇〇市〇〇区〇〇町〇〇〇番地〇〇プラザ〇〇〇号室		
	職業	〇〇〇	氏名	Ｉ田　Ｔ男（〇〇歳）

り災程度	（火元の状況） 耐火建築物5階建共同住宅、建築面積〇〇〇平方メートル、延べ面積〇,〇〇〇平方メートルのうち、〇階〇〇〇号室の台所約4平方メートル及び外壁1平方メートル焼損、パーテーション1枚並びに窓ガラス1枚破損 （類焼の状況） なし				
	焼損棟数	全焼　　棟　　半焼　　棟　　部分焼1棟　　ぼや　　棟　　合計1棟			
	焼損面積	床面積　　　　4㎡ 表面積　　　　1㎡	損害額		〇〇千円
	死傷者	死者　　　　　人	り災人員等	り災世帯	1世帯
		負傷者　　　　人		り災人員	1人

気象	天候	風向	風速	気温	相対湿度	実効湿度	気象注意報等
	曇	北北東	1.3m/s	28.0℃	69.0%	76.7%	雷注意報

原因	出火箇所	(1140) 台所	経過	(64) 不適当なところに捨て置く
	発火源	(4201) たばこ	着火物	(280) ごみ屑

（概要）

　本火災は、火元者のＩ田Ｔ男が、火種が残っている灰皿内のたばこの吸殻を台所内の床面に置かれたプラスチック製のごみ箱に捨てたことから、ごみ箱内にたまっていたたばこの吸殻等のごみ屑に着火し、出火したものと判定する。

備考

火災原因判定書

火災原因判定書

表記の火災について、次のとおり判定します。
出火日時　平成〇〇年〇〇月〇〇日（〇）〇〇時〇〇分頃
出火場所　〇〇市〇〇区〇〇町〇〇〇番地
　　　　　〇〇プラザ〇〇〇号室
火元者　　職業・氏名　〇〇〇　　Ｉ田　Ｔ男
　　　　　　　　　　　平成〇〇年〇〇月〇〇日
　　　　　　　　　　　　　　　所　　　属　〇〇消防署
　　　　　　　　　　　　　　　階級・氏名　消防〇〇　〇〇　〇〇　印

発見状況	発見者　□占有者　□管理者　□所有者　■その他（同一建物居住者） 住所　〇〇市〇〇区〇〇町〇〇〇番地　〇〇プラザ〇〇〇号室 職業　〇〇〇　　　　氏名　Ｎ野　Ａ男（〇〇歳） 　焼損建物の〇階〇〇〇号室に居住するＮ野Ａ男は、帰宅し、共同住宅のエントランスに入った時、管理人室内にある受信機の赤いランプが点滅し、〇〇〇と表示していることを確認したことから、〇〇〇号室へ行くと、何かが燃えるような臭気を感じるとともに、玄関ドア上の排気口からうっすらと黒い煙が出ている本火災を発見した（添付Ａ男の質問調書〔略〕参照）。
通報状況	通報者　□占有者　□管理者　□所有者　■その他（同一建物居住者） 住所　〇〇市〇〇区〇〇町〇〇〇番地　〇〇プラザ〇〇〇号室 職業　〇〇〇　　　　氏名　Ｎ野　Ａ男（〇〇歳） 　Ｎ野Ａ男は、〇〇〇号室から出ている黒煙を認めた後、当該部屋のインターホンを押し、玄関ドアをノックして在室状況を確認したが、返答がなかったことから、自分の携帯電話で「〇〇〇号室の玄関の換気口から煙が出ていて焦げ臭いです。住人は不在のようです。私は〇〇〇号室のＮ野Ａ男といいます」と119番通報をした（添付Ａ男の質問調書〔略〕参照）。
出火前の状況	火元　■建物　□車両（　　　　　）　□その他（　　　　　　　　） 構造　□木造　□防火　□準耐（木）　□準耐（非木）　■耐火　□その他 用途　共同住宅　階数〇階　建築面積　〇〇〇㎡　延べ面積　〇,〇〇〇㎡ 関係者の行動等 1　出火建物は、平成〇〇年〇〇月に建築された分譲の共同住宅で、〇〇〇号室の所有者であるＩ田Ｔ男（〇〇歳）は、平成〇〇年〇〇月から1人で居住している。 2　Ｔ男は喫煙の習慣があり、1日に20本くらい喫煙し、自宅での喫煙場所は台所内のみである。 3　出火当日、Ｔ男は、休日のため在宅していたが、〇〇時〇〇分頃、部屋の窓と玄関を施錠し外出している。外出前の〇〇時頃、Ｔ男は台所内でたばこを吸い灰皿に入れた後、たまっていた灰皿内の吸殻をプラスチック製ごみ箱内に捨てている（添付Ｔ男の質問調書〔略〕参照）。
	出火日時　　平成〇〇年〇〇月〇〇日（〇）　〇〇時〇〇分頃

出火日時	推定理由 1　出火建物には警備保障会社の火災報知設備が設置されており、〇〇時〇〇分に火災異常信号を感知している。 2　実況見分調書（第1回）に記載のとおり、台所内のフローリングとシステムキッチンの一部のみが焼損している。 　以上、前記発見状況及び通報状況に記載のとおり、関係者の行動と現場の焼損状況から総合的に考察して、本火災の出火時刻は、消防本部指令センターが覚知した〇〇時〇〇分の〇分前の〇〇時〇〇分頃と推定する。
出火箇所	出火建物　〇〇 出火階　〇階　　出火室　〇〇〇号室　　出火箇所　台所内ごみ箱 判定理由 　実況見分調書（第1回）に記載のとおり、本火災で焼損が認められるのは、台所内の床面及びシステムキッチンの収納棚の一部のみであり、収納棚の片開き扉及び引き出しの表面は、上部に比べ下部の焼けが強く、床付近の位置から焼損しており、床面にはごみ箱等の焼損物が認められることから、本火災の出火箇所は台所内の床面に置かれたごみ箱付近と判定する（添付出火箇所位置図参照）。
出火原因判定の理由	本火災は、占有者が不在時の施錠された室内から出火していることと、台所内の床面に置かれたごみ箱から延焼拡大した様相を呈していることから、外部放火と電気設備による出火は考えられず、たばこによる出火について考察する。 1　実況見分調書（第1回）に記載のとおり、システムキッチンの収納棚は、下部の台輪部の焼けが最も強く、床面から上方に向かい焼損しており、床面は、床面の焼損物を中心に半円状に焼損し、焼損物内には、たばこの吸殻、空き箱及び包み紙が認められる。 2　占有者のＩ田Ｔ男は、「台所床に置かれたプラスチック製ごみ箱には、たばこの吸殻が約100本と空き箱が4、5箱たまっており、出火当日は〇〇時頃にたばこを吸い、灰皿に吸殻を入れて、この吸殻とともに灰皿内にたまっていた吸殻をごみ箱に捨てて、外出した」と供述している。 　また、Ｔ男が外出した後、約1時間で出火している時間経過から、微小火源による出火が考えられる。 　以上のことから、Ｔ男が外出前にたばこを吸った後、灰皿内にたまっていた吸殻を、消火が不十分なまま台所内の床面に置かれたプラスチック製のごみ箱に捨てたことから、時間の経過とともにごみ箱内にたまっていたたばこの吸殻等のごみ屑に着火し、出火したことは十分に考えられる。
結論	本火災は、火元者のＩ田Ｔ男が、灰皿内に火種が残っているたばこの吸殻を台所内の床面に置かれたプラスチック製のごみ箱に捨てたことから、ごみ箱内にたまっていたたばこの吸殻等のごみ屑に着火し、出火したものと判定する。

〔出火箇所位置図について、本書では省略します。〕

実況見分調書(第1回)

　表記の火災について、関係者の承諾を得て、り災状況を明らかにするため次のとおり見分した。

　　　　　　　　　　平成〇〇年〇〇月〇〇日
　　　　　　　　　　　　所　　属　〇〇消防署
　　　　　　　　　　　　階級・氏名　消防〇〇　〇〇　〇〇　㊞

日　　時	平成〇〇年〇〇月〇〇日〇〇時〇〇分　開始 平成〇〇年〇〇月〇〇日〇〇時〇〇分　終了
場所及び物件等	〇〇市〇〇区〇〇町〇〇〇番地〇〇プラザ〇〇〇号室及び付近一帯
立　会　人	I田　T男（〇〇歳）

1　現場の位置及び付近の状況
　(1)　現場の位置
　　　現場は、所轄〇〇消防署〇〇出張所から北北東方へ直線距離約〇〇〇メートル、スーパーマーケット〇〇店から東方へ直線距離約〇〇〇メートルに位置している耐火建築物5階建の共同住宅である。
　　　付近一帯は、木造建築物及び防火構造建築物の専用住宅や耐火建築物の共同住宅が混在する地域であり、都市計画法による用途地域は第1種住居地域で、準防火地域に指定されている（添付図1（P.108）参照）。
　(2)　現場付近の状況
　　　現場の北側は、〇〇メートルの敷地境界の先に、幅員〇〇メートルの公道を隔て耐火建築物5階建の共同住宅、東側は、高さ〇〇メートルの金網フェンスを介し〇〇メートル離れて防火構造建築物平屋建の事業所、南側は、高さ〇〇メートルの金網フェンスを介し〇〇メートル離れて防火構造建築物2階建の専用住宅、西側は、高さ〇〇メートルの金網フェンスを介し〇〇メートル離れて防火構造建築物2階建の居住商業併用建築物となっている（添付図2（P.109）参照）。

2　現場の模様
　　焼損建物は、耐火建築物5階建、建築面積〇〇〇平方メートル、延べ面積〇,〇〇〇平方メートルで建物北側にエントランスが位置する南北に延びる共同住宅である。
　(1)　建物外周部の状況
　　　焼損建物の外周部を見分すると、北側は、1階から3階及び5階に焼けは認められず、4階の北の端に位置する中央寄りの出窓上部の庇及び網戸が黒く煤ているのが認められる。
　　　東側及び南側並びに西側の各外周部に、焼損箇所や破損箇所は認められない（添付図2（P.109）及び写真1（P.116）参照）。
　(2)　各階の状況

焼損建物の西側北寄りに位置する屋外階段を通って建物内に入り、各階を見分すると、4階北端に位置する○○○号室玄関北側の共有廊下部分に設置されているパーテーションが破損しているのみで、各階に焼損及び破損箇所は認められない（添付図3（P.110）、4（P.111）参照）。

⑶　○○○号室について

　　焼損が認められるのは、4階の北端に位置している○○○号室内のみであることから、○○○号室の西側にある玄関から室内に入り見分する。

ア　○○○号室内の状況

　　ここからは○○○号室の占有者Ｉ田Ｔ男を立会人として見分する。

　　まず、玄関から廊下に焼損は認められず、玄関のドアの上方にある電気の分電盤にも異常は認められない。

　　次に、廊下を進み、各部屋を見分する。

　　各洋室等に焼け及び煤けは認められない。室内の北側寄りは台所で、台所とリビングの間は開口部がある対面方式となっており、天井面が煤け、システムキッチンと床の一部が黒く炭化し焼損している（添付図4（P.111）及び写真2、3（P.116）参照）。

　　各部屋及び廊下を見分すると、焼けが認められるのは台所内に限られることから、台所内を詳細に見分を進める。

イ　台所の状況

　⑺　天井について

　　　台所の南側に位置する出入口に立ち、台所内の天井面を見分すると、天井の一面に煤が付着しているのが認められる。

　　　天井の中央に南北に設置されている蛍光灯は合成樹脂製のカバーが変形し、特に中央付近では下方に垂れ下がっている。

　　　天井面の中央やや西寄りには、熱感知器が設置されており、煤が付着しているものの変形は認められない（添付図4（P.111）及び写真2（P.116）参照）。

　⑷　西側の状況

　　　台所の西壁面には、南側から順に食器棚、冷蔵庫が置かれており、いずれも煤けている。

　⑼　北側の状況

　　　台所の北側は、高さ○○センチメートル、幅○○センチメートルの引き違い戸の出窓が設けられており、出窓に設置されているカーテン及び東寄りのタイルの壁面も煤けている（添付図4（P.111）、5（P.112）及び写真2、3（P.116）参照）。

　⑾　南側の状況

　　　南側壁面は一面タイル張りで煤が付着している。

　㋕　東側の状況

　　　次に、台所内に入り東側を見分すると、東側には、北から順にグリル付ガステーブル（以下「ガステーブル」という。）、調理台、シンク及び収納棚が

位置するシステムキッチンが設置されており、上方には、レンジフード、吊り戸棚が設置されている。

　　ガステーブルの北側には、樹脂製の灰皿の上に置かれたたばこの吸殻１本が認められる。

　　システムキッチンと上方の吊り戸棚等はいずれも煤けているが、ガステーブルの南寄りのつまみは一部が溶融して、ガステーブルの内部が視認できる。
　　ガステーブルの下の片開き扉（以下「片開き扉」という。）と４段の引出し（以下「引出し」という。）は、いずれも木製で、床からガステーブルの天盤までが焼けており、片開き扉は南側下部の一部が燃え抜けている。
　　引出しは、４段あり、各段とも炭化して北側ほど亀甲模様の溝幅が広いほか、上段に比べ下段の炭化深度が深いのが認められる（添付図４（P.111）、５（P.112）及び写真２～４（P.116、117）参照）。
　　台所の床面は、片開き扉及び引出しの西側に焼損物が認められ、ここを中心に半円状に焼損している。

3　焼損状況
　焼損が認められる片開き扉、引出し及び床面についてシステムキッチンの西側に立ち、詳細に見分を進める。
⑴　片開き扉及び引出しの状況
　　片開き扉は、右開きの構造で、幅〇〇センチメートル、高さ〇〇センチメートルの大きさで、南側の〇〇センチメートルの範囲が焼け、特に、南寄り下部は、幅〇〇センチメートル、高さ〇〇センチメートルの範囲が燃え抜けている。
　　片開き扉を開けると、扉の内側は中央下方から上方へかけて煤けており、内部の収納スペースは、底面を除く各面及び収納されている調理器具に煤が付着している。
　　引出しの取手は、最下段は焼失しているが、ほかの３段は原型をとどめている。
　　引出し下部の台輪部は、堆積物付近が炭化し、他の位置に比べ亀甲模様の溝は幅が広い（添付図５（P.112）、６（P.113）及び写真４～６（P.117）参照）。
⑵　床面の状況
　　台所の床は木製のフローリングで、北側壁面から〇〇センチメートル離れた位置からシステムキッチンに沿って、南北に最大〇〇センチメートル、東西に最大〇〇センチメートルの範囲が半円状に焼損している（添付図４（P.111）及び写真４（P.117）参照）。
　　床面の焼損範囲のうち、引出しの西側には、焼損残存物が堆積しており、堆積物を見分すると、溶融しているアルミ製のたばこの包み紙が７枚、糸状に溶融している乳白色の合成樹脂、炭化しているたばこの吸殻が数本ある（添付図５～７（P.112～114）及び写真４（P.117）、６（P.117）参照）。

ここで立会人のＴ男に、堆積物のある場所に何を置いていたか説明を求めると、「クリーム色のプラスチック製のごみ箱を置いています」と説明する。
　続いて、床の焼損堆積物を除去し、さらに見分を進めると、床面のフローリングは、炭化し亀甲模様が認められ、東西に30センチメートル、南北に36センチメートルにわたりはがれており、この部分を取り除き見分すると4階のコンクリート製のスラブが煤けているのが認められる（添付図5（P.112）、8（P.115）及び写真7（P.118）参照）。

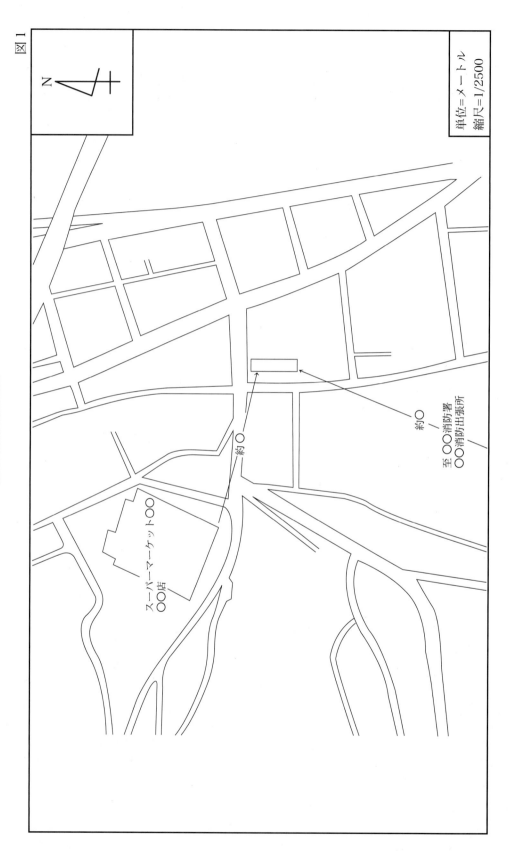

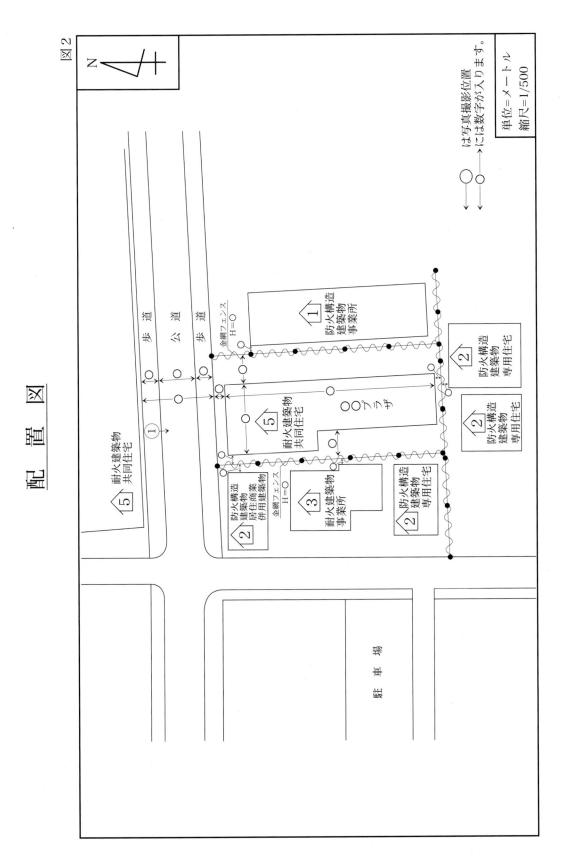

事例3 たばこ火災

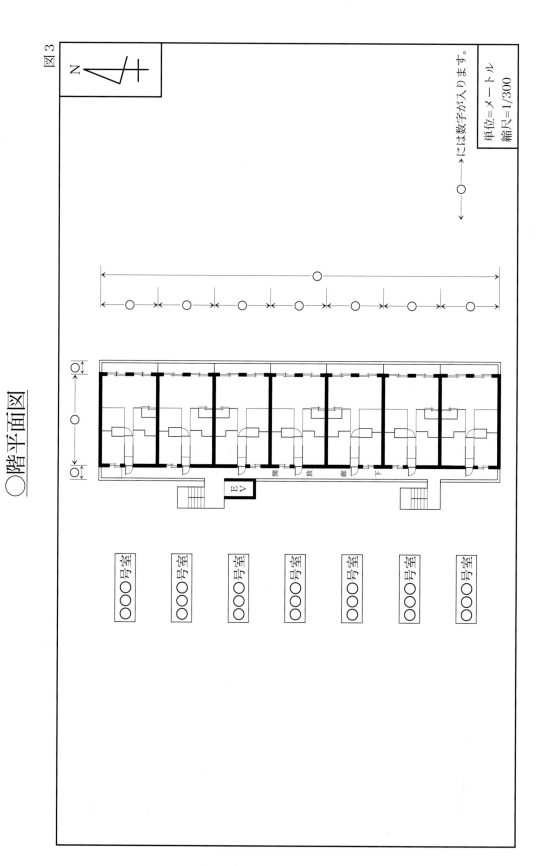

図4

○○○号室平面図

N

○は写真撮影位置
→には数字が入ります。

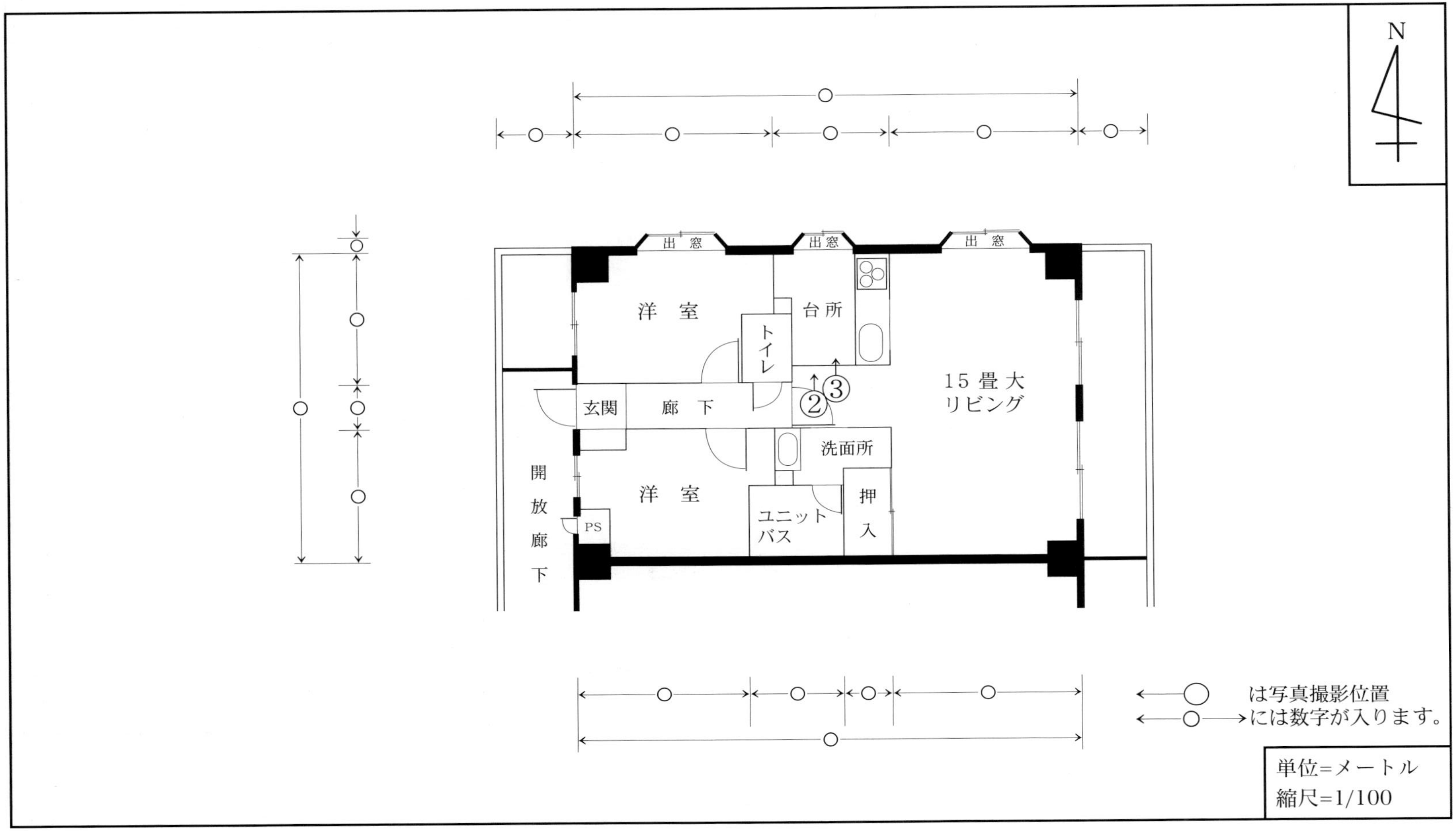

単位＝メートル
縮尺＝1/100

実況見分調書

15畳大
リビング

出窓　台所　洗面所　押入

トイレ　ユニットバス

出窓　洋室　廊下　洋室

玄関　PS

開放廊下

事例3　たばこ火災

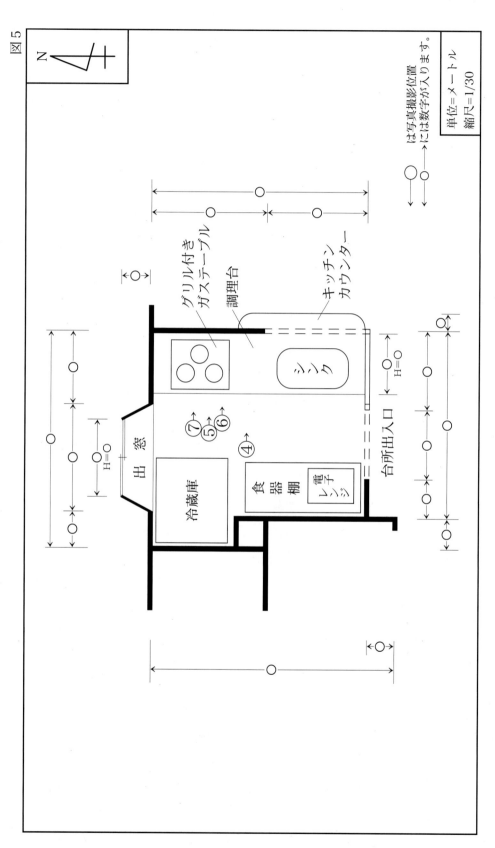

図6

拡 大 図 1

事例3 たばこ火災

拡大図 2

図7

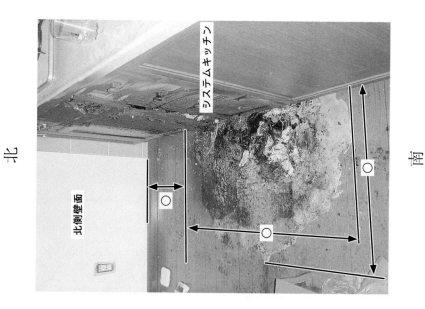

○→には数字が入ります。
単位=センチメートル

図8

拡大図3

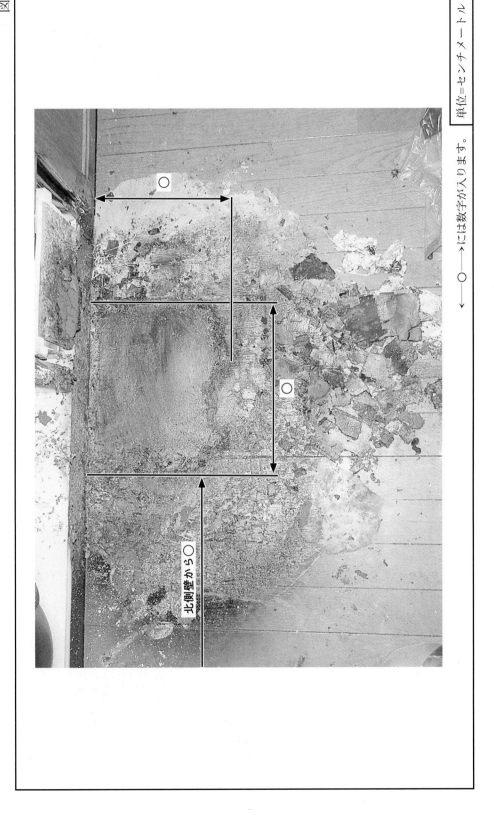

実況見分調書

単位＝センチメートル

←―○―→には数字が入ります。

事例3 たばこ火災

写真1	写真説明
撮影日	平成○○年○○月○○日
撮影者（所属・階級・氏名）	○○消防署 消防○○　○○　○○
撮影位置	図2の①から建物北側全景を撮影

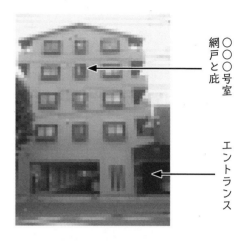

○○○号室　網戸と庇
エントランス

写真2	写真説明
撮影日	平成○○年○○月○○日
撮影者（所属・階級・氏名）	○○消防署 消防○○　○○　○○
撮影位置	図4の②から台所天井を撮影

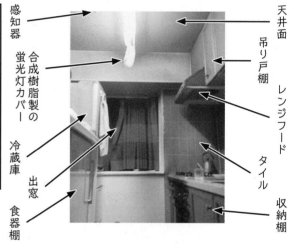

感知器　合成樹脂製の蛍光灯カバー　冷蔵庫　出窓　食器棚
天井面　吊り戸棚　レンジフード　タイル　収納棚

写真3	写真説明
撮影日	平成○○年○○月○○日
撮影者（所属・階級・氏名）	○○消防署 消防○○　○○　○○
撮影位置	図4の③から台所内床を撮影

グリル付きガステーブル　グリル扉
調理台　シンク　収納棚

写真4	写真説明
撮影日	平成〇〇年〇〇月〇〇日
撮影者 (所属・ 階級・氏名)	〇〇消防署 消防〇〇　〇〇　〇〇
撮影位置	図5の④から床面の焼損物とシステムキッチンの収納棚扉を撮影

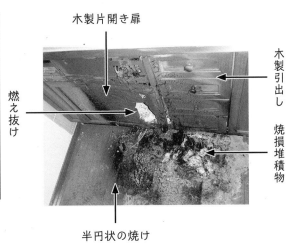

木製片開き扉／木製引出し　焼損堆積物／燃え抜け／半円状の焼け

実況見分調書

写真5	写真説明
撮影日	平成〇〇年〇〇月〇〇日
撮影者 (所属・ 階級・氏名)	〇〇消防署 消防〇〇　〇〇　〇〇
撮影位置	図5の⑤から片開き扉内部の状況

調理器具

写真6	写真説明
撮影日	平成〇〇年〇〇月〇〇日
撮影者 (所属・ 階級・氏名)	〇〇消防署 消防〇〇　〇〇　〇〇
撮影位置	図5の⑥から床上の焼損物とシステムキッチン収納棚扉下部を撮影

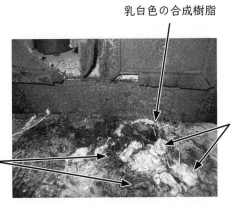

乳白色の合成樹脂／アルミ製のたばこの包み紙／たばこの吸殻

事例3　たばこ火災

写真7	写真説明
撮影日	平成〇〇年〇〇月〇〇日
撮影者 (所属・ 階級・氏名)	〇〇消防署 消防〇〇　〇〇　〇〇
撮影位置	図の5の⑦上方から焼損物を除去した床面と灰皿を撮影

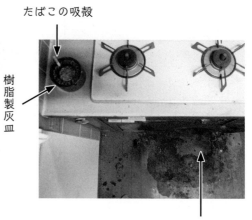

たばこの吸殻
樹脂製灰皿
スラブ

事例 4 こんろ火災

・火災概要・

1　出火時刻・出火場所
　　平成○○年○○月○○日（○）○○時頃、○○市内の耐火建築物地下○階、地上○階建共同住宅より発生

2　原　因
　　○階○○○号室台所内の片手鍋に入っていた食用油が加熱されて出火

3　り災程度
　　○階○○○号室台所内○平方メートルを焼損

4　関係者
　　(1)　火元者……Y口E男（○○歳）
　　(2)　所有者……同　　　上
　　(3)　通報者……同　　　上
　　(4)　同居人……Y口J子（○○歳）　妻

・例示している火災調査書類・

- 火災調査書
- 火災原因判定書
- 実況見分調書（第1回）
- 質問調書（第1回）

火災調査書

平成〇〇年〇〇月〇〇日

火 災 調 査 書

所　　属　〇〇消防署
階級・氏名　消防〇〇　〇〇　〇〇　印

覚知日時	平成〇〇年〇〇月〇〇日（〇）〇〇時〇〇分		覚知方法	１１９ (携帯電話)
火災種別	建物火災	出火日時	平成〇〇年〇〇月〇〇日（〇）〇〇時〇〇分頃	
出火場所	〇〇市〇〇区〇〇丁目〇〇番地〇〇		用　途	共同住宅
建物名称等	〇〇		業　態	
事業所名			用途地域	近隣商業地域

火元者	□占有者　　□管理者　　■所有者	
	住所	〇〇市〇〇区〇〇丁目〇〇番地〇〇
	職業	〇〇〇　　氏名　Ｙ口　Ｅ男（〇〇歳）

り災程度	（火元の状況） 　　耐火建築物地下〇階、地上〇階建共同住宅、建築面積〇〇〇平方メートル、延べ面積〇〇〇平方メートルのうち、〇階〇〇〇号室台所内〇平方メートル焼損 （類焼の状況） なし			
	焼損棟数	全焼　　棟　　半焼　　棟　　部分焼1棟　　ぼや　　棟　　合計1棟		
	焼損面積	床面積　　　〇〇㎡ 表面積　　　　　㎡	損害額	〇千円
	死傷者	死　者　　　　　　人 負傷者　　　　　　人	り災人員等	り災世帯　　〇世帯 り災人員　　〇人

気象	天候	風向	風速	気温	相対湿度	実効湿度	気象注意報等
	晴	北	3.2m/s	19.6℃	24.0%	42.0%	乾燥注意報

原因	出火箇所	(1140) 台所		経過	(65) 放置する、忘れる
	発火源	(2102) ガステーブル		着火物	(237) 動植物油類

（概要）

　本火災は、火元者の妻ＹロＪ子（○○歳）が夕食の天ぷらを調理するため、○階台所において、食用油の入った片手鍋をガステーブルのこんろに掛けて点火後、来客の対応をするため、片手鍋を加熱したままその場を離れて放置したことから、時間の経過とともに片手鍋内の食用油の油温が上昇し、発火点に達して出火したもの

備考

火災原因判定書

表記の火災について、次のとおり判定します。
出火日時　平成〇〇年〇〇月〇〇日（〇）〇〇時〇〇分頃
出火場所　〇〇市〇〇区〇〇丁目〇〇番地〇〇
　　　　　〇〇
火元者　職業・氏名　〇〇〇　Ｙロ　Ｅ男

　　　　　　　　　　平成〇〇年〇〇月〇〇日
　　　　　　　　　　　　　　　所　　属　〇〇消防署
　　　　　　　　　　　　　　　階級・氏名　消防〇〇　〇〇　〇〇　印

発見状況	発見者　■占有者　□管理者　□所有者　□その他（　　　　） 住所　　〇〇市〇〇区〇〇丁目〇〇番地〇〇 職業　　〇〇〇　　　氏名　Ｙロ　Ｊ子（〇〇歳） 　占有者のＹロＪ子（〇〇歳）は、メゾネットタイプの２層部分に位置している台所の都市ガス用ビルトイン型グリル付３口ガステーブル（以下「ガステーブル」という。）のこんろに、食用油を入れた片手鍋を掛けて加熱し、その場を離れて１層部分にある玄関口で新聞購読料の集金人と立ち話をした後、夫のＥ男（〇〇歳）と２層部分へ上がると、居間の天井付近が白煙で覆われ、台所内で片手鍋から炎が立ち上がっている本火災を発見した（添付Ｊ子の質問調書参照）。
通報状況	通報者　■占有者　□管理者　■所有者　□その他（　　　　） 住所　　〇〇市〇〇区〇〇丁目〇〇番地〇〇 職業　　〇〇〇　　　氏名　Ｙロ　Ｅ男（〇〇歳） 　火元者のＹロＥ男は、妻のＪ子が台所で消火行為をしている様子を見て、隣の居間から自分の携帯電話（〇〇〇-〇〇〇〇-〇〇〇〇）で「台所で揚げ物をしていたら、鍋に火が入りました。消火器で消しましたが確認お願いします」と119番通報をしている（添付Ｊ子の質問調書参照）。
出火前の状況	火元　　■建物　　□車両（　　　　）　□その他（　　　　） 構造　　□木造　□防火　□準耐（木）　□準耐（非木）　■耐火　□その他 用途　　**共同住宅**　　階数　地下〇階、地上〇階 建築面積　〇〇〇㎡　　延べ面積　〇〇〇㎡ 関係者の行動等 １　出火建物は、昭和〇〇年に建築された分譲の共同住宅で、火元者のＹロＥ男は、平成〇〇年〇〇月に２層からなるメゾネットタイプの〇〇〇号を中古物件として〇〇万円で購入し、Ｊ子と１世帯２名で居住していた。 ２　出火当日、Ｊ子は、〇〇時〇〇分頃に買い物から帰宅し、〇〇時頃から夕飯の天ぷらを揚げるため台所で材料を切り、植物性油が２センチメートルほど入った片手鍋をガステーブルのこんろに掛け中火で加熱し、その後、来訪者の対応のために台所を離れて玄関で10分ほど立ち話をしていた（添付Ｊ子の質問

	調書参照)。
出火日時	出火日時　平成〇〇年〇〇月〇〇日(〇)　〇〇時〇〇分頃 推定理由 1　添付実況見分調書(第1回)に記載のとおり、焼損したのは、台所内のシステムキッチン周囲の内壁面、換気扇及び吊り戸棚と天井面約2平方メートルである。 2　こんろに点火後、10分ほど玄関で立ち話をしていたY口J子は、E男と2層部分に上がって台所を見た際、片手鍋から炎が上がっている本火災を発見し、消火するために台所にあったスプレーを使用したが効果がなく、居間に置いていた座布団を鍋に被せて消火している(添付J子の質問調書参照)。 3　J子が初期消火活動中にE男は隣の居間から携帯電話で119番通報し、この通報を消防本部指令センターは〇〇時〇〇分に受信している。 　以上、台所内の焼損状況及び関係者の一連の行動から考察すると、本火災の出火時刻を覚知5分前の〇〇時〇〇分頃と推定する。
出火箇所	出火建物　〇〇 出火階　1階　　出火室　〇〇号室　　出火箇所　台所 判定理由 1　添付実況見分調書(第1回)2(3)に記載のとおり、本火災で焼損が認められるのは2層部分に位置する台所内のみであり、ガステーブル上の片手鍋は内側が黒く煤け、ガステーブル周囲の壁面は上方に向かって扇状に煤の付着が認められる。また、片手鍋直上方の換気扇は焼けて白く変色し、換気扇周囲の天井面は半円状に煤けており、炎が立ち上がった様相を呈していること。 2　添付Y口J子の質問調書(第1回)に記載のとおり、J子はガステーブル上の片手鍋から炎が立ち上がっているのを視認し、座布団を被せて消火行為を行ったと供述していること。 　以上、焼損状況及び関係者の供述から、出火箇所は2層部分台所内のガステーブルに置かれた片手鍋と判定する。
出火原因判定の理由	換気扇の配線被覆は溶融しているものの断線及び溶痕はなく、他の電気機器も内部の焼けが認められないこと。また、Y口J子の供述によると、夫のE男が在宅中で、さらにJ子が玄関先で立ち話をしていたことから外部放火は考えられず、内部放火についても、J子が火災を発見後に消火し、E男が119番通報を行っており、火災保険の加入もなく、内部放火の可能性は考えられないため、ガステーブル本体及びガステーブル上に置かれた片手鍋からの出火について検討する。 1　ガステーブル本体からの出火について 　　J子は、今までガステーブルに異常燃焼はなかったと供述していること。(添付J子の質問調書参照)。 　　また、実況見分調書(第1回)3に記載のとおり、ガステーブル本体に焼けは認められないこと。

	2　片手鍋からの出火について 　Ｊ子は、ガステーブル南寄りのこんろに置かれた片手鍋を加熱したままその場を離れ、その後、台所に戻ると片手鍋から炎が立ち上がっていたと供述していること（添付Ｊ子の質問調書参照）。 　実況見分調書（第１回）３に記載のとおり、片手鍋の置かれていた南寄りのこんろには過熱防止装置が設置されていないこと。 　Ｊ子は夕食の天ぷらを揚げるため、前日に一度使用した食用油が鍋底から２センチメートルほど入った片手鍋を火に掛けたと供述していることから、直径180センチメートルの片手鍋には約450ccの油が入っていたと推測され、新聞購読料の集金者の応接をするために台所から離れていた10分ほどの間に発火した可能性は十分に考えられる（添付Ｊ子の質問調書参照）。
結論	本火災は、火元者の妻であるＹロＪ子（○○歳）が、台所において夕食の天ぷらを揚げるため、食用油の入った片手鍋を過熱防止装置の付いていないこんろに掛け、加熱したまま、来訪者の応接をするためにその場を離れたことから、時間の経過により食用油の油温が上昇し、発火点に達して出火したものと判定する。

出火箇所位置図

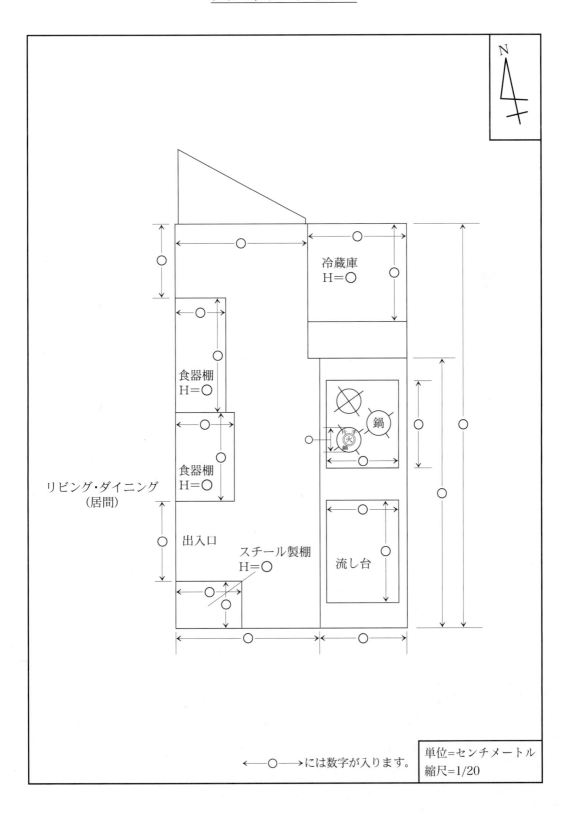

事例4 こんろ火災

|解説| 実況見分調書には、使用できない禁止用語があります。

　　　実況見分調書は、火災の鎮火後に火災現場の客観的事実や復元の状況を見分して作成するものです。したがいまして、鑑識、実験、検討及び考察により導き出される出火室、出火建物、発火源、着火物、類焼等の用語は実況見分調書で使用することができないため、これらは禁止用語となります。これらの禁止用語は、火災原因判定書で判定してから使用するものであり、実況見分調書のみではなく、火災状況見分調書等の火災原因判定書で判定する前に作成する書類では使用しません。

　禁止用語を使用することは、各見分調書の作成者が先入観を持って各書類を作成することにより起こるもので、十分に注意しなければなりません。

　禁止用語には、もう一つ注意することがあります。それは、各見分調書に添付する図面に使用する記号や用語についてです。

　例えば、添付図面に出火箇所の記号を使用したり、図面の表題に「出火建物平面図」「出火室状況図」等の用語を無意識に使用することがあります。

　これらのことから、実況見分調書に添付する図面には、客観的事実の焼損範囲を示すことは必要ですが、出火箇所や出火建物を示す図面は出火箇所や出火建物の判定の際に添付することになります。

　本事例では、火災原因判定書に出火箇所位置図が添付してありますので参考にしてください。

実況見分調書（第1回）

　表記の火災について、関係者の承諾を得て、り災状況を明らかにするため次のとおり見分した。

　　　　　　　　　　　　平成〇〇年〇〇月〇〇日
　　　　　　　　　　　　　所　　　属　〇〇消防署
　　　　　　　　　　　　　階級・氏名　消防〇〇　〇〇　〇〇　印

日　　　時	平成〇〇年〇〇月〇〇日〇〇時〇〇分開始 平成〇〇年〇〇月〇〇日〇〇時〇〇分終了
場所及び物件等	〇〇市〇〇区〇〇丁目〇〇番地〇〇　〇〇〇住宅〇〇〇号室及び付近一帯
立　会　人	Ｙ口　Ｊ子（〇〇歳）

1　現場の位置及び付近の状況
　(1)　現場の位置
　　　現場は、所轄〇〇消防署〇〇出張所から東南東方へ直線距離約〇〇〇メートル、〇〇市立〇〇保育園から北西方へ直線距離約〇〇〇メートルの地点で、付近一帯は商業施設及び共同住宅が建ち並ぶ地域であり、都市計画法による用途地域は近隣商業地域で、準防火地域に指定されている（添付図1（P.131）参照）。
　(2)　現場付近の状況
　　　以下の見分は便宜上、北北東を北として見分を進める。
　　　現場の北側は、高さ1.2メートルの金網フェンスを介し、3.6メートル離れて耐火建築物4階建の事業所、東側は1.7メートル離れて耐火建築物地下1階地上3階建の共同住宅、南側は2.1メートルの敷地の先は幅員5.0メートルの公道となり、西側は高さ0.8メートルの鉄製フェンスを介し、1.3メートル離れて防火構造建築物2階建の専用住宅となっている（添付図2（P.132）参照）。
2　現場の模様
　(1)　建物外周部の状況
　　　焼損建物を南側公道から見分すると、敷地は北傾斜地で、建物は南側公道に面する階が1階となっている耐火建築物地下〇階地上〇階建の共同住宅であり、立会人Ｙ口Ｊ子の示す確認申請書の写しによると、建築面積〇〇〇平方メートル、延べ面積〇〇〇平方メートルであることが確認できる。建物外周部を一巡して見分するも外周部に焼損箇所は認められない（添付図2（P.132）及び写真1（P.137）参照）。
　(2)　建物内部の状況
　　　当該共同住宅は傾斜地に建築されており、以下の見分は便宜上、地下、地上の階数ではなく、1層から4層の層を用いて見分する。

建物内部で焼損が認められるのは〇〇〇号室であり、立会人のＪ子によると、「〇〇〇号室は４層からなる建物の１層及び２層を占有しています」とのことである。
　１、２層部分を１層部分に位置する廊下から見分すると、西端の〇〇〇号室から東端の〇〇〇号室までの５戸からなっている。
　１層に位置している玄関から〇〇〇号室の室内に入り見分すると、玄関内に焼損は認められない。
　続いて、玄関ドアの上方に設置されている分電盤を見分すると、漏電遮断器、電流制限器、配線用遮断器は全て「入」の位置にある。
　次に、廊下から室内に進みながら見分すると、室内の間取りは添付図４、５のとおり２層になっており、焼損が認められるのは、２層部分の北東に位置している台所内のみである（添付図３～５（P.133～135）及び写真２（P.137）参照）。

(3)　台所の状況
　台所の南西にある出入口から台所に入り、北側から順に詳細に見分すると、焼損が認められるのは、東側に設置されているシステムキッチン（以下「キッチン」という。）とその上方の換気扇、吊り戸棚及び天井面である。
　ア　キッチンの状況
　　台所内に入りキッチンの西側に立ち見分すると、キッチンは、北側から南側にかけて、こんろ台、調理台及び流し台が並ぶ一体型で、こんろ台には、ビルトイン型グリル付き３口ガステーブル（以下「ガステーブル」という。）が内蔵されている。
　　ここで、一度廊下に戻り廊下のパイプスペースにあるガスのコックを確認すると、貼付されているステッカーから、供給されているガスは〇〇ガスであることが確認できる。
　　台所に戻り、ガステーブルの西側に立ちガステーブルを見分すると、北寄りのこんろには過熱防止装置付きのバーナーが認められる。
　　中央東寄りの五徳上には蓋がされている両手鍋が置かれ、蓋の上には白い灰が点在している。
　　南寄りの五徳上には片手鍋が置かれ、鍋の内側が黒く煤けていて、中には黒い液体が認められる。
　　次に、ガステーブルの正面中央に位置しているグリルを見分するため、グリルの受け皿を引き出し見分するも、受け皿及びグリル内に焼損は認められない。
　　続いて、ガステーブルの正面南寄りに設けられているガステーブルの点火スイッチを見分すると、全て「止」の位置になっている（添付図６（P.136）及び写真３（P.137）参照）。
　　調理台には、車両用グリススプレー缶のほか複数の物品が置かれているが、それらに焼けは認められない。
　　流し台には、赤白のチェック柄の座布団が１枚認められる。
　　キッチン北東角に面する壁面は、中央から上方に向かって扇状に煤が付着し

ている（添付図6（P.136）及び写真4（P.138）参照）。
イ　換気扇の状況
　　ガステーブル上方に設置されている換気扇を見分すると、換気扇の下部は金属製の整流板で覆われており、南寄りが白く変色している（添付図6（P.136）及び写真4（P.138）参照）。
ウ　吊り戸棚の状況
　　調理台及び流し台上方に取り付けられている縁に合成樹脂が張られている木製の吊り戸棚を見分すると、換気扇に接している北寄りの片開き扉下方及び棚底に煤の付着が認められ、合成樹脂製の縁は北寄りが溶融し、垂れ下がっている。
　　流し台上方の棚底に取り付けられている蛍光灯を見分すると、合成樹脂製のカバーは北端が茶色く変色し、南寄りには煤が付着している（添付図6（P.136）及び写真4（P.138）参照）。
エ　天井面の状況
　　台所の天井面を見分すると、中央には照明が設置されており、正方形の合成樹脂製カバーは東寄りの角が茶色く変色し、若干変形している。
　　また、換気扇の上方は、換気扇を中心に半円状に煤が付着している（添付図6（P.136）及び写真5（P.138）参照）。
3　焼損状況
　台所内の焼損状況は、ガステーブル上の片手鍋のほか、その上方に位置する換気扇を中心に吊り戸棚、天井面等であることから、これらを詳細に見分する。
⑴　換気扇の状況
　　換気扇の使用状況についてJ子に説明を求めると、「換気扇はガステーブルを使うときには回していて、今回は弱で使っていました」とのことである。
　　換気扇の西側側面には、作動スイッチが設置されており、北側から切・弱・強・照明と並んでいるので、スイッチを押して作動状況を確認するも換気扇は作動せず、蛍光灯も点灯しない。
　　換気扇下部の整流板を取り除くと、合成樹脂製のフィルターが見分でき、フィルターの中央から南寄りは円形状に焼失し、その周囲は白く変色している（添付図6（P.136）及び写真6（P.138）参照）。
　　続いて、合成樹脂製のフィルターを取り外すと、シロッコファンが設置されている。
　　シロッコファンを見分すると、合成樹脂製フィルターの焼失部分の直上に位置する箇所が白く変色しているのが認められる。
　　シロッコファンの西側からは、4本の配線が見分でき、それぞれの配線被覆は黒く溶融し、芯線が一部露出して一部断線しているものの、電気痕は認められない（添付図6（P.136）及び写真7（P.139）参照）。
　　シロッコファンのファンを取り除き、内部を見分するも焼けは認められない。
　　次に、台所北側の出入口からベランダに出て、外壁に設置されている換気口を見分するも焼け及び煤の付着は認められない。

(2) 吊り戸棚内部の状況

　台所に戻り、換気扇に接している吊り戸棚の片開き扉を開けて扉の内側と吊り戸棚の内部を見分すると、扉の内側の下部には煤の付着が認められるが、内部及び収納されている物品に焼損は認められない（添付図6（P.136）及び写真8（P.139）参照）。

(3) 座布団の状況

　流し台にある座布団についてＪ子に説明を求めると、「鍋から火が上がったので、流し台の横の調理台においてあるスプレーを掛けましたが、火が消えなかったので、リビングにあったこの座布団を鍋に被せて火を消しました」と説明する。

　この座布団を見分すると、赤白のチェック柄で大きさは〇〇センチメートル四方の正方形であり、上になっている面に焼損は認められないが、座布団を裏返すと、中央付近が直径約20センチメートルの円形状に焼け焦げており、片手鍋の直径とほぼ一致している（添付図6（P.136）及び写真10（P.140）参照）。

(4) ガステーブルの状況

　まず、ガステーブルの使用状況について、Ｊ子に説明を求めると、「火をつけていたのは、右側のこんろです」と説明する。

　次に、中央のこんろに置かれた両手鍋を取り除き見分すると、小バーナーが確認できるが、焼損は認められない。

　次に、南寄りのこんろに置かれた片手鍋を見分すると、直径18センチメートル、深さ8センチメートルの鉄製鍋で、内側には煤が付着し、中には鍋底から1センチメートルほどの高さで黒い液体が認められる。片手鍋を移動させると、大バーナーが確認でき、五徳、バーナーなどに異常は認められない。

　過熱防止装置は、鍋の置かれていない北寄りのバーナーにのみ設置されていることが確認できる。

　ガステーブル本体に焼損は認められない（添付図6（P.136）及び写真9（P.139）参照）。

解説　ガステーブルを見分する際には、本事例のように方位（東西南北）で説明する方法と、「ガステーブルの西側に立ち、以下の見分はガステーブルの前後左右として見分をする」などのように、車両火災の車両を見分するような表現を用いる方法もあります。

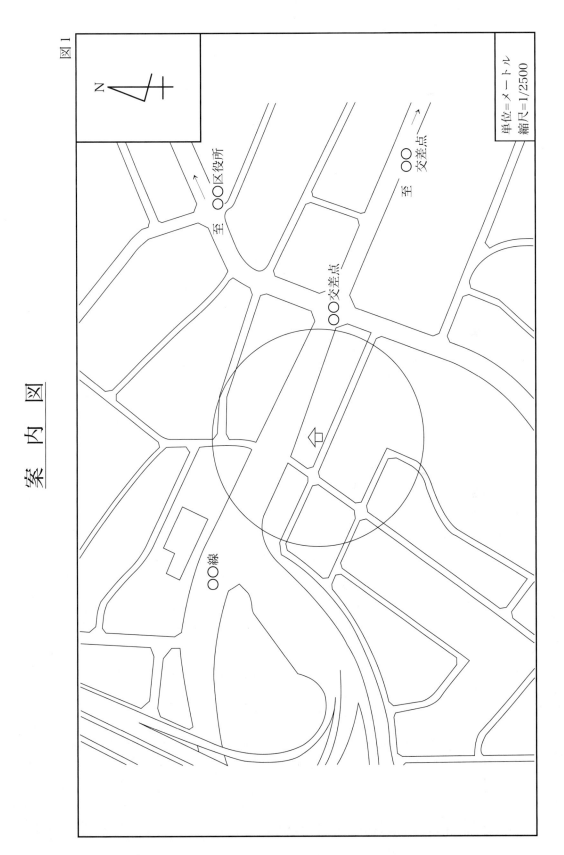

図1 案内図

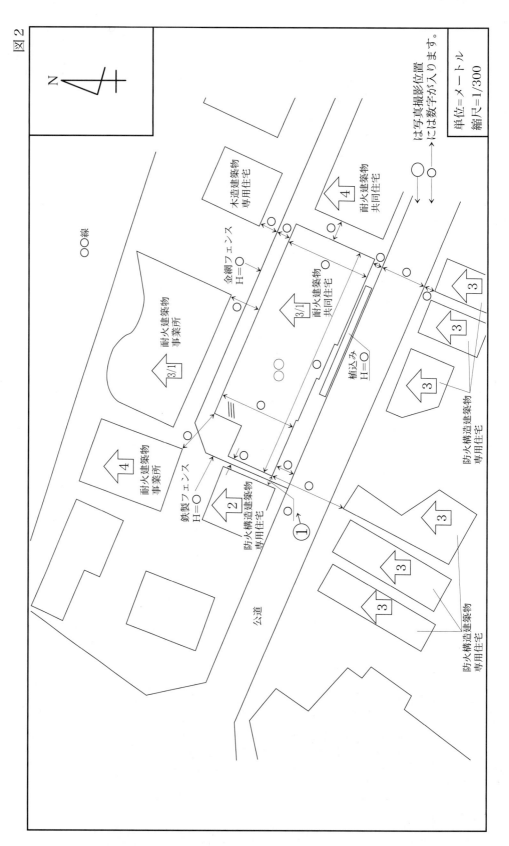

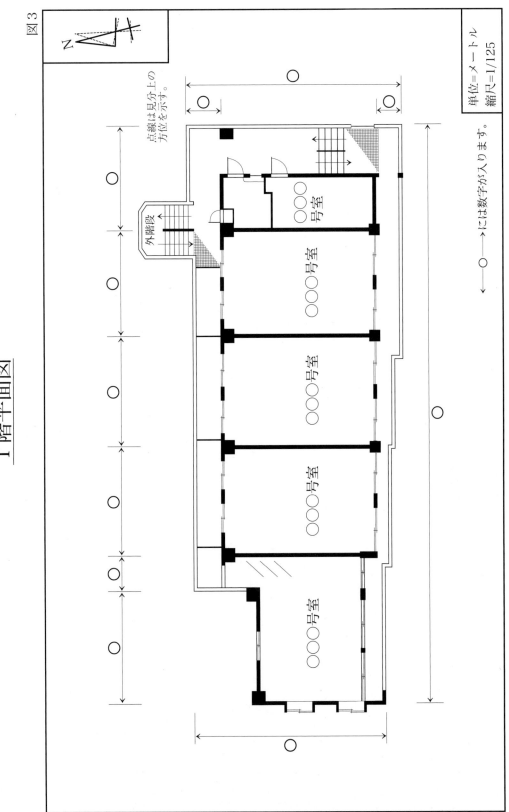

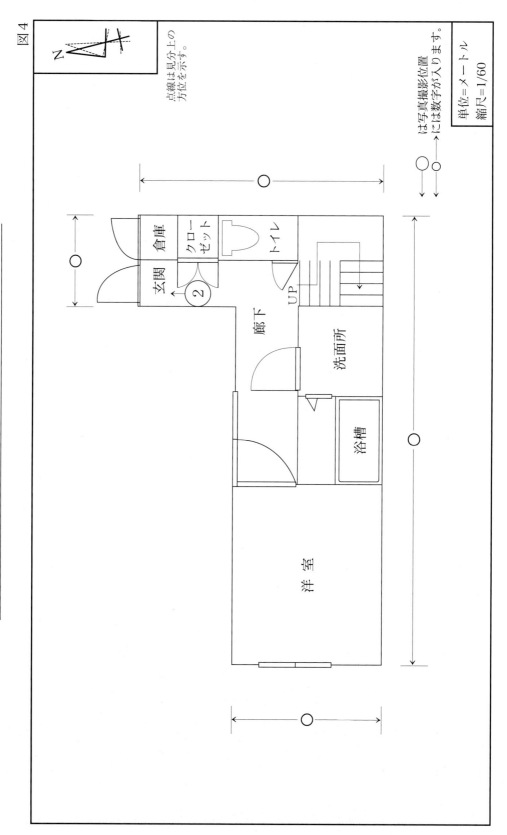

図5

○○○号室 1階平面図（2層部分）

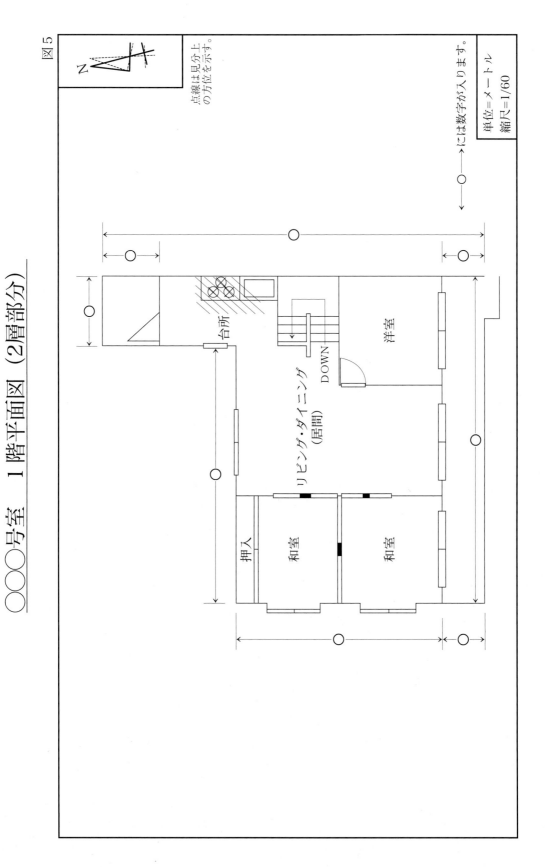

事例4 こんろ火災

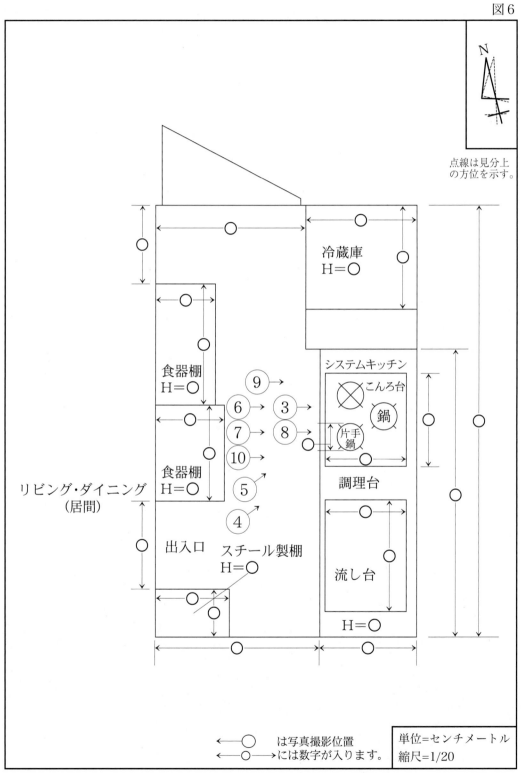

実況見分調書

写真1	写真説明
撮影日	平成〇〇年〇〇月〇〇日
撮影者（所属・階級・氏名）	〇〇消防署 消防〇〇 〇〇 〇〇
撮影位置	図2の①から建物外観の状況

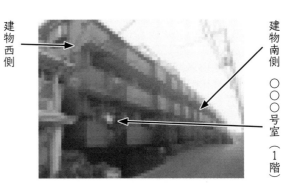

建物西側
建物南側 〇〇〇号室（1階）

写真2	写真説明
撮影日	平成〇〇年〇〇月〇〇日
撮影者（所属・階級・氏名）	〇〇消防署 消防〇〇 〇〇 〇〇
撮影位置	図4の②から地下1階分電盤の状況

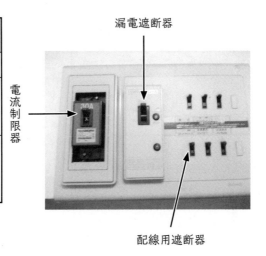

漏電遮断器
電流制限器
配線用遮断器

写真3	写真説明
撮影日	平成〇〇年〇〇月〇〇日
撮影者（所属・階級・氏名）	〇〇消防署 消防〇〇 〇〇 〇〇
撮影位置	図6の③からガステーブルの状況

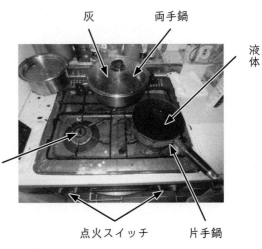

灰　両手鍋
液体
過熱防止装置
点火スイッチ　片手鍋

事例4　こんろ火災

実況見分調書

写真4	写真説明	
撮影日	平成〇〇年〇〇月〇〇日	
撮影者 （所属・ 階級・氏名）	〇〇消防署 消防〇〇　〇〇　〇〇	
撮影位置	図6の④からガステーブル周辺の状況	

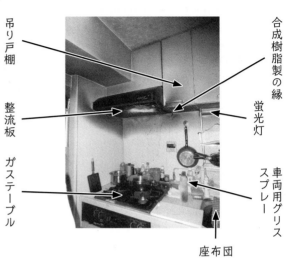

吊り戸棚／整流板／ガステーブル／合成樹脂製の縁／蛍光灯／車両用グリススプレー／座布団

写真5	写真説明	
撮影日	平成〇〇年〇〇月〇〇日	
撮影者 （所属・ 階級・氏名）	〇〇消防署 消防〇〇　〇〇　〇〇	
撮影位置	図6の⑤から天井の状況	

照明

写真6	写真説明	
撮影日	平成〇〇年〇〇月〇〇日	
撮影者 （所属・ 階級・氏名）	〇〇消防署 消防〇〇　〇〇　〇〇	
撮影位置	図6の⑥から換気扇の状況	

作動スイッチ／合成樹脂製フィルター

写真7	写真説明
撮影日	平成〇〇年〇〇月〇〇日
撮影者 （所属・ 階級・氏名）	〇〇消防署 消防〇〇　〇〇　〇〇
撮影位置	図6の⑦から換気扇内部の状況

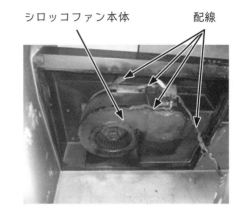

写真8	写真説明
撮影日	平成〇〇年〇〇月〇〇日
撮影者 （所属・ 階級・氏名）	〇〇消防署 消防〇〇　〇〇　〇〇
撮影位置	図6の⑧から吊り戸棚内の状況

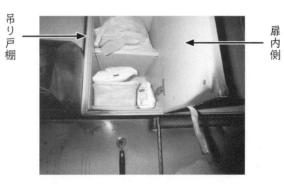

写真9	写真説明
撮影日	平成〇〇年〇〇月〇〇日
撮影者 （所属・ 階級・氏名）	〇〇消防署 消防〇〇　〇〇　〇〇
撮影位置	図6の⑨からガステーブルの状況

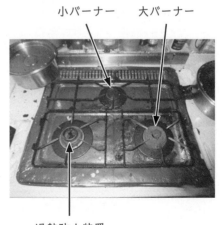

事例4　こんろ火災

写真10	写真説明
撮影日	平成○○年○○月○○日
撮影者 （所属・ 階級・氏名）	○○消防署 消防○○　○○　○○
撮影位置	図6の⑩から座布団の状況

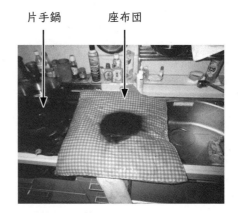

片手鍋　　座布団

質問調書（第1回）

平成〇〇年〇〇月〇〇日（〇）〇〇時〇〇分頃、〇〇市〇〇区〇〇丁目〇〇番〇〇号で発生した火災について、次の関係者に質問したところ任意に次のとおり供述した。

平成〇〇年〇〇月〇〇日

所　　属　〇〇消防署
階級・氏名　消防〇〇　〇〇　〇〇　印

住　　　　所	〇〇市〇〇区〇〇丁目〇〇番〇〇号
職業・氏名	〇〇〇　　　Yロ　J子
生年月日・年齢	昭和〇〇年〇〇月〇〇日　〇〇歳
火災との関係	出火建物等の（■占有者　□管理者　□所有者） ■発見者　□通報者　■初期消火者 □その他（　　　　）
質問年月日・時間	平成〇〇年〇〇月〇〇日（〇）　〇〇時〇〇分〜〇〇時〇〇分
質　問　場　所	〇〇〇〇方

　私が住む部屋の台所が火事になった時の様子をお話しします。
　私が住む〇〇マンションの〇〇〇号室は、平成〇〇年〇〇月に中古のものを〇〇万円で購入しました。
　部屋の名義は主人Yロ E男（〇〇歳）で、ここには主人と2人で住んでいて、火事の時も主人と2人でいました。
　このマンションの各室は、2層からなるメゾネット式になっていて、私の住む〇〇〇号室は玄関が地下1階にあり、地下1階と1階を占有しています。
　マンションのエントランスは1階部分にあるので、部屋の玄関へ行くには地下1階へ降りることになります。
　平成〇〇年〇〇月に台所の水回りと居室のリフォームをして、台所の換気扇とガステーブルも変えていますが、このときのリフォーム代金はすぐには分かりません。
　火事になる前の行動は、主人と2人で買い物に行き、午後〇〇時〇〇分頃帰宅して、30分ほど主人と1階の居間でテレビを見た後、私だけ夕食の支度をするために台所に入りました。
　夕食の献立は天ぷらにするつもりで、材料を切った後、前日も使ったサラダ油が入った片手鍋を右側のこんろに掛けて、中火で油を温め始めました。
　油は鍋底から2センチメートルほど入っていました。
　換気扇は「弱」にして回していました。
　右側のこんろに過熱防止装置が付いていないのは知っていましたが、右側の方が揚げ物をしやすいので、いつも右側のこんろを使っています。

火をつけてすぐに、新聞の集金人が来ましたので、地下1階の玄関へ降りて10分ほど立ち話をしていました。
　鍋をこんろに掛けていたことは承知していましたが、主人が1階にいるので大丈夫だと思っていました。
　集金人が帰ったので1階に上がろうとすると、主人が地下1階の部屋から出てきたので、1階には誰もいないと思い、急いで主人と2人で階段を上がると、1階の居室には白煙が天井から60センチメートルほど充満していました。
　私は台所の鍋が火事だと思い台所に行くと、鍋から炎が上がっていました。
　炎の高さは、換気扇までの高さの半分ほどでした。
　私は炎を消そうと思い、台所に置いてあったスプレー式の消火器を使ったつもりですが、炎が消えないので、1階の居間にあった座布団を鍋に被せて炎を消しました。
　座布団を被せて炎が消えた後で、こんろのスイッチを「消」の位置にしました。
　主人は、私の消火する様子を見ていて、居間のテーブルに置いてあった携帯電話で119番へ通報したそうです。
　主人の携帯電話の番号は、〇〇〇-〇〇〇〇-〇〇〇〇です。
　落ち着いてからこの時に使ったスプレー缶を見ると、消火器ではなくグリスのスプレー缶でした。
　換気扇は3年ほど前から清掃していません。
　ガスこんろの異常燃焼等は今まで一度もありませんでした。
　住宅用火災警報器は、マンションの理事会で一括購入するか、個人で購入するか検討しましたが、それ以降は話し合いもなく設置していません。
　住宅用火災警報器が付いていれば、もう少し早く発見できたと思いますので、設置したいと考えています。
　今回の火事で私と主人にけがはありません。
　火災保険には加入していません。
　　供述人　平成〇〇年〇〇月〇〇日　　Y口　J子
　以上のとおり録取して読み聞かせたところ、相違ない旨申し立て署名した。

専用住宅の全焼火災

・火災概要・

1 出火時刻・出火場所
　平成○○年○○月○○日（○）○○時頃、○○市内の防火構造建築物2階建専用住宅より発生

2 原因
　ガステーブル上の可燃物に放火

3 り災程度
　全焼1棟及びぼや1棟（波板と雨どいを焼損）

4 関係者
　(1) 火元者……H川U男（○○歳）
　(2) 通報者……K島S子（○○歳）
　(3) 隣人………K島W男（○○歳）
　(4) 同居人……H川N男（○○歳）　長男

・例示している火災調査書類・

・　火災原因判定書
・　実況見分調書（第1回）

火災原因判定書

表記の火災について、次のとおり判定します。
出火日時　平成〇〇年〇〇月〇〇日（〇）〇〇時〇〇分頃
出火場所　〇〇市〇〇区〇〇町〇〇番地
火 元 者　職業・氏名　〇〇〇　H川　U男（〇〇歳）

　　　　　　　平成〇〇年〇〇月〇〇日
　　　　　　　　　　　　　所　　　属　〇〇消防署
　　　　　　　　　　　　　階級・氏名　消防〇〇　〇〇　〇〇　印

1　出火建物の判定
 ⑴　実況見分調書
　　実況見分調書（第1回）によると、本火災で焼損している建物は2棟あり、これらについて、実況見分調書（第1回）の中で付された建物番号を引用し検討する。
　ア　②建物について
　　　実況見分調書（第1回）2⑵に記載のとおり、②建物は、屋内に焼損はなく、焼損が認められるのは、①建物に面した東側2階の窓の目隠しに使用されている合成樹脂製波板と雨どいのみであり、このことから②建物は①建物からの放射熱により焼損したものと考えられる。
　イ　①建物について
　　　同調書2⑴及び⑶に記載のとおり、①建物の屋根は、北寄りで屋根瓦が落下し、炭化した小屋組材が露出して、南北の中央西寄りでは、屋根を支える垂木が焼失している。
　　　外壁は、2階北側及び西側北寄りのトタンの塗装が焼損し地金が露出しており、1階では西側台所の窓直上でのみトタンの塗装が焼損し、地金が露出している。
　　　建物内は、屋根の焼損と同様に1階の天井及び2階の床が北寄りで燃え抜けており、1階台所直上では、梁と根太が焼失している。
　ウ　結論
　　　以上ア及びイを検討すると、②建物は①建物からの放射熱で焼損したもので、①建物から延焼したのは明白である。
　　　したがって、実況見分調書からの出火建物は①建物であると認められる。
 ⑵　関係者の供述
　　〇〇町〇〇番地に居住する〇〇〇K島W男（〇〇歳）は、質問調書〔略〕に記載のとおり、「焦げ臭いにおいを感じて外に出ると、H川さんの家から煙が出ていました」と供述している。これは、①建物が内部から燃えていることを示しており、発見状況から出火建物は①建物であると認められる。
 ⑶　結論

以上のとおり、(1)及び(2)を総合的に考察すると、(1)実況見分調書では、②建物は①建物から延焼した状況が認められ、(2)関係者の供述では①建物が内部から燃えていたことが認められる。

　したがって、この火災の出火建物は、H川U男（○○歳）の所有する防火構造建築物2階建の専用住宅と判定する。

2　出火前の状況
(1)　出火建物は、U男が昭和○○年に購入した防火構造建築物2階建の専用住宅で、建築面積51平方メートル、延べ面積102平方メートルである（添付U男の質問調書〔略〕参照）。
(2)　U男方には、平成○○年の○○月末から体調を崩したU男の長男N男（○○歳）が同居していた（添付U男の質問調書〔略〕参照）。
(3)　出火当日、U男は入院している妻M子（○○歳）の食事介助のため、○○時○○分頃に外出しており、出火当時はN男のみ在宅していた（添付U男の質問調書〔略〕参照）。

3　出火時刻の推定
　K島W男の質問調書〔略〕に記載のとおり、W男は、自宅で昼食をとっている最中に焦げ臭いにおいを感じたことから、玄関から屋外へ出たところ、隣家のU男方から煙が出ている本火災を発見している。

　W男は、火災発見後、U男方の玄関前から建物内に誰か居ないか声を掛け、玄関脇の水道栓に接続されていた水道ホースを使用して、1階西側の窓から出ている炎に向かい初期消火を試みているが、2、3分水を掛けたところ、煙が大量に噴き出し、身の危険を感じたことから一度自宅に戻り、妻のS子（○○歳）に119番通報するよう指示している。

　W男の妻S子は、夫の指示により自宅1階にある固定電話（○○○-○○○○）でH川さんの家が燃えている、家は留守のようである旨の119番通報をし、この通報を○○消防本部は○○時○○分に覚知している。

　このW男の一連の行動及び現場の焼損状況から考察して、本火災の出火時刻を覚知○○分前の○○時○○分頃と推定する。

4　出火箇所の判定
(1)　実況見分調書
　実況見分調書（第1回）2(3)及び3に記載のとおり、出火建物は、各室の焼損状況より、1階西側の台所から放射状に焼損しており、外壁も台所の窓直上から放射状にトタンの焼損が確認できる。

　また、台所内では床面付近の焼損よりも各収容物の腰高より上方の焼損が強く、台所内東側に置かれた各収容物は、西側から延焼した様相を呈している。

　台所内西側に設置された吊り戸棚は、下枠を残すのみで原型が分からないほど焼失しており、下枠も南寄りで燃え切れている。

(2)　関係者の供述
　K島W男は、本火災を発見した時、1階西側の高い位置にある窓が割れ、炎が噴き出していて、その窓から屋内を見ると、天井まで達するほどの炎が見えたと

供述している。
　(3)　結論
　　　以上のとおり、(1)及び(2)を総合考察すると、Ｋ島Ｗ男の供述する炎が噴き出していた１階西側の高い窓とは、現場の焼損状況から台所の窓であると考察できる。
　　　また、台所内の焼損状況から、東側に置かれた収容物からの出火は考えにくく、床面付近も特異な焼損は認められないことから、台所内西側から出火したものと考えられる。
　　　さらに、台所内西側には、北から流し台とプロパンガス用グリル付き２口ガステーブル（以下「ガステーブル」という。）が設置されており、これらの上方に設置されていた吊り戸棚と目隠しは南寄りで燃え切れている。
　　　以上のことから、本火災の出火室は１階台所で、出火箇所を台所西側に設置されたガステーブル付近と判定する（添付出火箇所位置図参照）。
５　出火原因の判定
　　出火箇所として判定した１階台所西側ガステーブル付近で、出火原因として可能性のある、たばこ、電気関係及びガステーブルについて以下検討する。
　(1)　たばこについて
　　ア　実況見分調書（第１回）３　焼損状況に記載のとおり、出火箇所付近に灰皿やたばこの吸殻は認められず、微小火源特有の燃え込みも認められない。
　　イ　Ｈ川Ｕ男の質問調書〔略〕に記載のとおり、居住者に喫煙者はいないこと。
　　ウ　以上ア、イを検討すると、たばこによる出火は考えられない。
　(2)　電気関係について
　　　実況見分調書（第１回）３　焼損状況に記載のとおり、出火箇所付近に認められた電化製品は、内壁に取り付けられていた換気扇のみで、換気扇の電源コード及び内部配線に短絡等の異状は認められず、また、ガステーブルの南側内壁に設置された埋め込みコンセントには、電化製品は接続されておらず、Ｕ男もこのコンセントは使用していないと供述していることから、電気関係からの出火は考えられない。
　(3)　ガステーブルについて
　　ア　実況見分調書
　　　(ｱ)　実況見分調書（第１回）３　焼損状況に記載のとおり、ガステーブルのトッププレート上には、新聞、チラシ及びタオルが置かれ、二つある五徳周囲に炭化若しくは灰化した新聞紙が認められること。
　　　(ｲ)　同調書３　焼損状況に記載のとおり、ガステーブル操作部に向かって左側のバーナーは使用状態になっており、火力調整つまみは最も火力が強い右に寄っていたこと。
　　　(ｳ)　ガステーブルに接続されているガスホースは、ガスの元栓に接続されており、元栓は「開」の位置であったこと。
　　イ　火災状況見分調書
　　　(ｱ)　火災状況見分調書〔略〕に記載のとおり、Ｈ川Ｎ男は、救助隊により１階

南側和室6畳間で仰臥位の状態で発見及び救出されており、救急隊による観察では、着衣に焼損はなく、顔面、上下肢及び胸腹部は2度熱傷であるのに対し、背部に3度の熱傷が認められたこと。
　(イ)　同調書〔略〕に記載のとおり、救助隊員は、活動中に建物南西側に設置されたプロパンガスのメーターが回転している状況を確認していること。
ウ　関係者の供述
　(ア)　H川U男の質問調書〔略〕に記載のとおり、出火当時、N男のみが在宅しており、N男は1か月ほど前から薬を大量に飲むなどの自殺行為を繰り返し、医師から対人適応障害と診断されていること。
　(イ)　K島W男の質問調書〔略〕に記載のとおり、本火災発見時に1階西側の窓からのみ火煙が出ており、水道ホースで初期消火活動を実施している旨の供述があり、このことから、火災初期の段階でN男は避難行動がとれる状況であるにもかかわらず、避難行動をとっていないと考察できること。
エ　ガステーブルの状態
　別添資料のガステーブル取扱説明書に記載のとおり、当該ガステーブルは、操作部に向かって右側のバーナーは標準バーナー、左側のものは強火カバーナー、火力調整つまみは、右が強火、左が弱火であること。
　ガステーブル操作部により使用状態が確認されている左側の強火カバーナーは、点火時、中火点火機能が働き火力調整つまみが自動的に中央の位置に移動する構造であるにもかかわらず、実況見分時に確認された火力調整つまみの位置は、最も右の「強火」の状態であったこと。
オ　結論
　以上アからエまでを検討すると、たばこ及び電気関係からの出火は考えられず、ガステーブルの使用により出火した可能性が高い。そこで、経過について考察すると、ガステーブルのトッププレート上に新聞、チラシ及びタオルを置いてガステーブルのこんろを使用していた状況が確認されること、さらに、N男は薬を多く飲み自殺行為を繰り返していたことと、火災発生後に避難行動をとっていないと考察できることから、N男がガステーブル上に可燃物を置き、こんろのバーナーを点火させ放火し、自殺を企図した可能性は十分に考えられる。

6　結論
　本火災は、日中、対人適応障害のH川N男（〇〇歳）が1人で在宅中に、自殺目的で台所のプロパンガス用グリル付き2口ガステーブルのトッププレート上に、新聞紙等の可燃物を置き、こんろのバーナーを点火し放火したものと判定する。

〔出火箇所位置図、ガステーブル取扱説明書について、本書では省略します。〕

解説 出火原因を判定する場合は、実況見分時の客観的事実や関係者の供述などから、考えられる発火源や経過を考察します。

　本火災事例では、ガステーブルについて、発火源の一つとして考察し、可能性が高いことから経過について考察しています。

　この方法以外にも、ガステーブルを使用した放火について、発火源と経過を同時に考察する方法もあります。

　これらは、判定書の作成者が火災ごとに分かりやすく、表現のしやすい方法で作成されることを薦めます。

実況見分調書（第1回）

　表記の火災について、関係者の承諾を得て、り災状況を明らかにするため次のとおり見分した。

　　　　　　　　　　平成〇〇年〇〇月〇〇日
　　　　　　　　　　　　　所　　属　〇〇消防署
　　　　　　　　　　　　　階級・氏名　消防〇〇〇　〇〇　〇〇　印

日　　　時	平成〇〇年〇〇月〇〇日　〇〇時〇〇分開始 平成〇〇年〇〇月〇〇日　〇〇時〇〇分終了
場所及び物件等	〇〇市〇〇区〇〇町〇〇番地〇〇
立　会　人	K島　W男（〇〇歳）　　　H川　U男（〇〇歳）

1　現場の位置及び付近の状況
　　現場は、所轄〇〇消防署から東南東方へ直線距離約1,800メートル、〇〇市立〇〇小学校から西南西方へ約400メートルの地点で、付近一帯は、専用住宅及び共同住宅等が混在して建ち並び、国道〇〇号線が南北に通る地域であり、都市計画法による用途地域は、準住居地域で、準防火地域に指定されている。
　　消防水利は、現場を中心として半径100メートルに公設消火栓が8基点在しており、水利は良好である（添付図1（P.175）参照）。

2　現場の模様
　(1)　焼損建物の概観について
　　　本火災により、2棟の建物が焼損している。
　　　各焼損建物の配置状況は、添付図2（P.176）のとおりであり、焼損建物に別表のとおり各々①、②の番号を付して見分する。なお、以下北北西を北として見分を進める。
　　　①建物の北側私道上から各焼損建物の焼損状況を見分する。
　　　①建物は瓦ふきトタン張の2階建で、北寄りの屋根瓦が3分の2ほど落下しており、炭化している小屋組材が露出しているのが認められる（添付図2（P.176）及び写真1、2（P.160）参照）。
　　　②建物は瓦ふきトタン張の2階建で、①建物の西側に位置しており、①建物に面する東側外壁のみ溶融や変色が認められる（添付図2（P.176）及び写真1（P.160）参照）。
　　　続いて、①建物敷地内から、②建物及び①建物について、順次見分する。
　(2)　②建物について
　　ア　建物の概要
　　　　②建物を見分するにあたり、②建物の占有者であるK島W男（〇〇歳）を立会人として見分を進める。

　　　　②建物についてW男に説明を求めると、「この建物は、〇〇県に住んでいるE田さんが所有しています。建物の面積など詳しいことは分かりません」とのことである。
　　　　②建物を①建物の敷地から見分すると、②建物は２階建の専用住宅で、①建物から西側に、1.2メートル離れた高さ1.0メートルのコンクリートブロック架台アルミフェンス（以下「アルミフェンス」という。）を介し、さらに0.6メートル離れている（添付図２（P.176）及び写真１（P.160）参照）。
　　イ　建物外周部の状況
　　　　②建物の外周部を見分すると、①建物に面した東側の２階の窓に目隠しとして設置された合成樹脂製の波板が溶融し、茶色く変色している。
　　　　さらに、この合成樹脂製波板の南側に設置された１階から２階に延びる縦どい及び１階に設置された軒どいに、溶融が認められる（添付図２（P.176）及び写真３～５（P.160、161）参照）。
　　ウ　建物内部の状況
　　　　②建物の玄関から内部に入り見分するも建物内部に焼損等は認められない。
　(3)　①建物について
　　ア　建物の概要
　　　　①建物を見分するにあたり、①建物の所有者であるH川U男（〇〇歳）を立会人として見分を進める。
　　　　①建物について立会人のU男に説明を求めると、「この建物は、昭和〇〇年に購入した住宅で建築面積51.0平方メートル、延べ面積102.0平方メートルです」とのことである。
　　　　①建物を敷地内北側から見分すると、２階建の専用住宅で、北側は4.6メートル離れた最大の高さ2.1メートルのアルミフェンスを介し、幅員3.6メートルの東から西へ下る急勾配の私道となっている。
　　　　東側は、1.2メートル離れて高さ1.0メートルのアルミフェンスを介し、さらに1.5メートル離れて防火構造建築物（以下「防火構造」という）２階建の専用住宅、南側は1.4メートル離れて高さ1.0メートルのアルミフェンスを介し、1.3メートル離れて防火構造２階建の専用住宅となっている。
　　　　さらに、東側の北寄りの敷地内には、①建物から0.6メートル離れてスチール製物置が設置されている。
　　　　西側は1.2メートル離れて高さ1.0メートルのアルミフェンスを介し、南寄りが1.2メートル離れて防火構造２階建の共同住宅、北寄りは、アルミフェンスから0.6メートル離れて②建物となっている（添付図２（P.176）及び写真１（P.160）参照）。
　　イ　建物外周部の状況
　　　　①建物の外周部を北側から時計回りに一巡して見分する。
　　　(ア)　北側の状況
　　　　　　北側は、東寄りに２階に通じる屋外階段が設置されており、さらに中央付近には１階の玄関が設置され、さらに西側は浴室の窓が設置されている。

開放された玄関ドア付近は、焼損した収容物が散乱している。
　　浴室の窓は、窓ガラスが割れ、アルミ製のサッシが下辺を残し焼失している。
　　２階には、西寄りに間口1.8メートルの腰高窓が設置されており、ガラスは全て割れ、アルミ製のサッシの上部が焼失している。
　　外壁は、１階と２階の境界よりやや下から、トタンが上方に向けて放射状に黒く変色しており、２階にある腰高窓の直上では茶色く変色している。
　　さらに、敷地北東角には、白色の乗用車が駐車されているが、これに焼損はない（添付図２（P.176）及び写真２（P.160）参照）。

(ｲ)　東側の状況

　　敷地内東側の北寄りに設置されているスチール製物置には、焼損が認められず、①建物東側に設置された屋外廊下にも焼損はない。
　　東側外壁北寄りは、軒下にトタンの変色が認められ、屋外階段付近のトタンには２階の一部に変色が認められるものの、他の１階及び２階の外壁には変色が認められない。
　　東側外壁の南寄りは、２階外壁の一部及び軒下のトタンに黒色の変色が認められるのみである（添付図２（P.176）及び写真２、６（P.160、161）参照）。

(ｳ)　南側の状況

　　南側の１階は、外壁及び中央に設置された間口2.7メートルの掃き出し窓に破損や変色は認められない。
　　２階は、やや東寄りに設置された間口1.8メートルの腰高窓東寄りの窓ガラスが上半分割れているほか、外壁の一部に変色及び煤の付着が認められるのみである（添付図２〜４（P.176〜178）及び写真７、８（P.162）参照）。

(ｴ)　西側の状況

　ａ　西側外壁南寄りの状況

　　　西側外壁南寄りは、１階、２階共に間口1.8メートル及び1.7メートルの窓がそれぞれ設置され、１階に設置された間口1.8メートルの南寄り腰高窓に破損がないのに対し、間口1.7メートルの北寄り掃き出し窓のガラスは割れている。
　　　２階南寄りは、間口1.8メートルの南寄りの腰高窓にガラスの破損が認められるものの、下辺及び南側の一部にガラスが残存し、アルミ製のサッシも残存しているのに対し、間口1.7メートルの北寄りの腰高窓のガラスは全て破損し、アルミ製のサッシも南側縦かまちを残し、その他は焼損している。
　　　西側外壁南寄りのトタンは、２階中央北寄りの腰高窓周囲に焼損が認められるものの、それ以外の１階及び２階南寄りの腰高窓付近に変色は認められない。

　ｂ　西側外壁北寄りの状況

　　　西側外壁北寄りは、プロパンガスボンベが外壁沿いの地面に置かれてい

実況見分調書

るが、これらに変色等はなく、容器バルブは全て閉じられている。これらプロパンガスボンベに接続されたガスマイコンメーターにも焼損はない。

　　台所の窓は、ガラスが全て破損し、アルミ製のサッシは、中央から南側にかけて焼失しているものの、下辺と北側窓の上側と北側縦かまちは残存している。

　　台所の窓上方の外壁はトタンが焼損しており、その上方の２階外壁も同様にトタンが焼損している。

　　西側外壁北寄りのトタンは、台所の窓上方を除き、２階のみ焼損して変色しており、１階のトタンに変色等はない。

　　西側外壁北寄りの２階の窓は、間口1.8メートルのものと1.9メートルのものと２つあり、どちらの窓も窓枠のみとなっている（添付図２～４（P.176～178）及び写真９、10（P.162、163）参照）。

ウ　建物内部の状況

　①建物内部を見分するにあたり、U男に説明を求めながら、間取りについて確認すると、１階は北から玄関とそれに続く廊下、玄関及び廊下の西側は浴室及び脱衣所、東側はトイレとなっており、これらの南側は台所及びリビング、さらに南側は和室６畳間となっている。

　　トイレとリビングの間にある屋内階段を上がると、２階は、北に和室６畳間、南に６畳大の洋室となり、中央西寄りには4.5畳大の洋室、その東側は廊下で、廊下の東側は北から屋外廊下への出入口、洗面所及びトイレとなっている（添付図３（P.177）及び４（P.178）参照）。

　(ア)　１階の状況

　　a　玄関の状況

　　　　１階北側の玄関から建物内に入り見分すると、玄関内は、収容物と一部焼損している畳わらが散乱しているものの、東側に設置された下駄箱に焼損は認められない。

　　　　玄関内の壁紙は天井付近のみ焼損しており、天井は焼損し抜け、２階を見通せる状態である。

　　　　玄関の東側内壁上方には分電盤が設置され、分電盤に焼損はなく、上部に焼損物の付着が認められるが、各遮断器は電流制限器のみ「切」の位置となっている（添付図３（P.177）及び写真11、12（P.163）参照）。

　　b　廊下及びトイレの状況

　　　　続いて、玄関から建物内を進みながら玄関南側の廊下を見分すると、天井は焼けているものの、燃え抜けてはおらず、内壁の壁紙は所々汚れているのみで、焼損は認められない。

　　　　廊下の東側に設置されたトイレは、戸の化粧板の上半分が廊下側へ湾曲しているものの、トイレ内に焼損は認められない（添付図３（P.177）及び写真13（P.164）参照）。

　　c　脱衣所の状況

　　　　廊下西側に位置する脱衣所を廊下から見分すると、入り口の片開き戸が

焼損し、北側の縦かまちを残し焼失している。木製の枠も焼損しており、その枠の焼損は上方に向かうほどに亀甲模様が粗く、溝も深くなっている。

　脱衣所内は、天井が抜け落ち、床面には焼損物が大量に堆積しており、西側の内壁には給湯器が設置され、この給湯器は焼損し、前面パネルが下辺を残しはがれているのが認められる。

　給湯器の直下には、洗濯機が置かれており、洗濯機は焼損し、東側へ座屈している。

　この脱衣所の北側は浴室、南側は台所へ通ずる出入口となって、これらの出入口の木製枠は、焼損し亀甲模様を形成している。

　これらの亀甲模様を比較すると、浴室へ通じる北側に形成された亀甲模様の目は細かく、溝の深さも浅いものであるのに対し、台所へ通じる南側に形成された亀甲模様は目が粗く、溝も深い（添付図3（P.177）及び写真14（P.164）参照）。

d　浴室の状況

　脱衣所北側の浴室内に入り見分すると、天井が燃え抜け、焼損している衣類や家具の一部が堆積している。

　内壁は、上方の塗装が焼けてはがれ、壁材が露出している（添付図3（P.177）及び写真15（P.164）参照）。

e　台所の状況

　脱衣所から台所の北寄りを見分すると、脱衣所及び浴室と同様に焼損している家具の一部や天井材等が堆積している。堆積物の中には屋根瓦も認められ、台所内に入り上方を見分すると、天井及び根太が焼失し、空が見通せる状態である。

　台所南側の天井付近には、垂木が格子状に組まれ炭化していることから、これについてU男に確認すると、「垂れ壁がありました」と説明する。

　台所中央には、焼損したたんすが認められ、これについてもU男に説明を求めると、「このたんすは2階にありました」とのことである。

　たんすの東側にある冷蔵庫は合成樹脂部分が全て焼失し、金属製部分を残すのみとなっており、上側は金属部分が変形し、西側へ向けて崩れている。さらに、この冷蔵庫の上扉は焼失し、冷蔵庫内の収容物も焼損している（添付図3、5（P.177、179）及び写真16（P.165）参照）。

　次に、台所の南寄りを見分すると、冷蔵庫の南隣には食器棚が置かれ、食器棚は西側中央から東側の上方へ焼損し、上半分が焼け崩れている。

　食器棚東側の間仕切壁の壁紙は、上半分が焼損しているが、食器棚同様、西側から東側上方へ斜めに焼損している。

　台所の西側内壁沿いに置かれたレンジ台は、北側に前面を向けて置かれており、前面及び東側の塗装が全て焼損し変色しているのに対し、背面は元の色を残している。

　　　　レンジ台西側内壁は壁紙の上半分が焼失し、壁面は北側上方に向かうにつれて白色に変色してひび割れ、一部が崩れている。
　　　　レンジ台北側の内壁に設置された腰高窓の上部は、内壁が焼損して脱落し、炭化して亀甲模様が形成された柱及び間柱が露出しており、これらは、北に向かうにつれて亀甲模様の目が粗くなっており、北側の一部でははく離も認められる（添付図３（P.177）及び写真17（P.165）参照）。
　　ｆ　リビングの状況
　　　　リビングの中央に立ち、北側及び東側を見分すると、北側に置かれた本棚は収納された本及び雑貨の上半分に表面的な焼損が認められるものの、下半分に収納された本及び雑貨、さらに、その下の引き出しは白色の汚れのほか焼損は認められない。
　　　　本棚の東側に据え付けられた物入れは、戸の上半分が黒く変色しているものの、戸を開け内部を確認すると焼損はない。
　　　　次に、東側内壁に沿って置かれたピアノを見分すると、天板の淵が焼け、譜面台に置かれた楽譜の上辺が焼け焦げているが、鍵盤に焼損はない。
　　　　続いて、ピアノの西寄りに置かれた白色の２人掛けソファを見分すると、背もたれ及び肘掛けの上辺に茶色い変色が認められるものの、座面等その他の部分に変色は認められない。
　　　　次に、リビングの北側及び東側の内壁及び天井を見分すると、内壁の上半分が黒く焼け焦げ、天井に近づくにつれ一部壁紙がはがれており、東側に設置された高窓はガラスが茶色く変色し割れている。
　　　　天井は、クロスが焼損し、リビング西寄りに向かうにつれ、断熱材の露出、さらに梁が認められる（添付図３（P.177）及び写真18（P.165）参照）。
　　　　次に、リビングの南側及び西側を見分すると、西側に設置された掃き出し窓の上半分のガラスが割れているが下半分に破損はなく、この窓の北寄り内壁沿いに置かれた腰高の収納棚は、天板上に置かれたオーブントースターに煤の付着による汚れが認められる。
　　　　この収納棚の上方内壁に設置されたエアコンの室内機は、合成樹脂部分が焼失し、金属部分を残して垂れ下がっている。
　　　　次に、掃き出し窓東寄りに置かれたテーブルセットを見分すると、テーブル上に天井材等の焼損物が堆積し、灰白色に変色しているものの、最も北に置かれた椅子の背もたれ上部に黒い変色が認められるほか、焼損は認められない。
　　　　内壁は、西側も南側も上方の壁紙が焼損しはがれている。
　　　　次に、天井の梁を見分すると、北側に向かうにつれて、亀甲模様が粗くなっており、台所との境界では焼け切れている（添付図３（P.177）及び写真19（P.166）参照）。
　　ｇ　和室６畳間の状況

リビングから南側の和室6畳間を見ると、東側に焼損した腰高の収納棚とその天板上に電子レンジ及びごみ箱が置かれていることから、このことについてU男に説明を求めると、「棚は、台所とリビングの境に置いてありました。電子レンジは、レンジ台の上に置いていて、ごみ箱も台所に置いてあったものです」と説明する。

　　和室6畳間に置いてある他の収容物に焼損はなく、東側の押入の襖は、襖紙が黒色に焼け全体にはがれており、骨組みが露出しているものの、この骨組みに焼損はない。

　　続いて、襖を開けて押入内を見分すると、押入に収納されている布団等は、表面が煤けているものの焼損は認められない。

　　次に、四方の全ての内壁を見分すると、全面が焼け焦げているものの、表面的なものにとどまっている。

　　天井は、中央から北側で焼損し、梁が露出しており、最も北側の梁に目の細かい亀甲模様が認められる（添付図3（P.177）及び写真20、21（P.166）参照）。

(イ)　2階の状況

　a　廊下、洗面所及びトイレの状況

　　屋内階段を上がり2階の廊下を見分すると、天井及び内壁の壁紙は、床面付近まで焼け焦げており、西側の上半分は壁紙がはがれ、天井の一部でクロスがはがれている。

　　床面上に置かれている収容物及び床面に焼損は認められない。

　　続いて、東側の洗面所とトイレの間の柱を見分すると、上半分が焼損し、亀甲模様が形成されているのが認められる。

　　次に、洗面所に入り見分すると、洗面所は内壁が煤け、洗面台や収容物の合成樹脂部分が溶融している。

　　次に、トイレを廊下から見分すると、トイレは、扉の化粧板上方に焼損が認められるものの、内部及び扉の内側に焼損は認められない（添付図4（P.178）及び写真22（P.167）参照）。

　b　6畳大洋室の状況

　　2階南側に位置する6畳大の洋室に入り見分すると、東側には、作り付けの洋服たんす、押入及び押入の上方に天袋が設置されている。これらは、洋服たんすの戸の化粧板表面が焼け焦げて、上方で内部の木製部分が露出しており、押入及び天袋の襖は、押入の襖表面の床面付近を除き焼け焦げている。

　　作り付け洋服たんす、押入及び天袋の内部には、一部煤の付着が認められるものの焼損は認められない（添付図4（P.178）及び写真23（P.167）参照）。

　　次に、四方の内壁を見分すると、床面付近を除き黒く焼け焦げており、天井や内壁の上方では、壁材がはがれている部分が認められる。

　　続いて室内を見分すると、室内には焼損した収容物が散乱しており、こ

れらは上方に向かうほど、合成樹脂の溶融や焼け焦げが認められる。
　床面に敷かれた布団を見分すると、布団は表面に焼け焦げが認められるものの、布団をめくった直下の床面に焼損は認められない（添付図4（P.178）及び写真23、24（P.167）参照）。
　c　4.5畳大洋室の状況
　　6畳大の洋室から北側に位置している4.5畳大の洋室を見分すると、室内には焼損した収容物や屋根瓦が散乱している。
　　唯一原型をとどめている南東角に置かれたたんすは、表面が焼損し、亀甲模様を形成しているが、北に向かうほど表面の亀甲模様ははく離している。
　　次に、床面を見分すると、床面は、中央から北側にかけて焼け抜けて、梁が露出しており、梁は北に向かうほど焼け細っている。
　　次に、内壁を見分すると、内壁は、廊下との境界の東側は焼損しているものの、原形を保っているのに比べ、西側では北寄りの壁材が脱落しており、外壁の変色しているトタンが認められる。
　　続いて、北側の内壁で、脱落していないものを見分すると、上辺は梁に固定されているのに対し、下辺では、焼損している梁との間に空間が生まれ、吊り下がっているような状態が認められる（添付図4（P.178）及び写真25（P.168）参照）。
　d　和室6畳間の状況
　　6畳大の洋室から廊下に出て、廊下から和室6畳間を見分すると、和室6畳間は東側の作り付け洋服たんす付近及び梁を残し、床面が焼け落ちており、1階の台所が見通せる。
　　東側は、北寄りの押入が、襖の上枠を残し焼け崩れ、上枠も北側で焼け切れている。
　　東側南寄りの作り付け洋服たんすは、戸が焼失しており、内部の収容物も焼損し焼け崩れている（添付図4（P.178）及び写真26（P.168）参照）。
　　内壁の北側及び西側は、焼損し北側の西寄りでは焼け崩れ、外壁のトタンが露出しており、西側では上方で内壁及び外壁のトタンも脱落し、屋外が見通せる状態である。
　　北側内壁沿いの床面が抜け落ちているのは、前述したとおりであり、露出した梁に亀甲模様が形成されているが、上面にこの亀甲模様のはく離は認められず、横面及び下面にのみ認められる（添付図4（P.178）及び写真26、27（P.168）参照）。
　　床面の南寄りは、梁が2本焼失し、根太も認められず、1階の台所が見通せる。
　　残存した南側の梁は、北側の梁に比べ焼け細り、上面でも亀甲模様のはく離が認められる（添付図4（P.178）及び写真28（P.169）参照）。
3　焼損状況

①建物1階の台所は、他の部屋と比較して、天井の梁及び根太が焼失し、2階もここを中心として放射状に焼損していることから、この台所について堆積している屋根瓦や天井材及び2階からの収容物等の焼損している堆積物を除去しながら見分を進める。

台所内の収容物について、Ｕ男に説明を求めながら確認すると、東側壁面沿いには北東角から東側の壁沿いに南に向かい腰高の食器棚及びその天板上に物入れ、冷蔵庫、食器棚と並んでおり、西側壁面沿いには、北から南に向かい順に流し台及びこんろ台上のプロパンガス用グリル付き2口ガステーブル（以下「ガステーブル」という。）が並び、流し台とガステーブルの上方には、吊り戸棚と換気扇の目隠しが一体となって設置されているとのことである（添付図5（P.179）参照）。

⑴　屋根瓦、天井材及び2階からの収容物等の焼損している堆積物を除去した状況

焼損した屋根瓦、天井材及び2階からの収容物等の焼損している堆積物を除去しながら見分すると、堆積物に隠れていた1階収容物の床面付近が確認でき、床面には燃え込み等の特異な焼損は認められない。

次に、台所内の定着物を見分すると、台所内の北東角には食器棚が認められることから、Ｕ男に説明を求めると、「ここには腰高の食器棚とその上に物入れがありましたが、物入れは見当たらず、物入れの中にはタオル類がありました」と説明する。

食器棚の南側に位置している冷蔵庫を見分すると、冷蔵庫は、上扉が焼損し外れており、合成樹脂部分が焼け金属製部分のみとなった下扉が認められる。

次に、台所内西側の流し台及びこんろ台下の物入を見分すると、物入には化粧板の扉が認められ、その表面は黒く変色しているものの、扉を開けて見分すると、内部に焼損は認められない（添付図5（P.179）及び写真29（P.169）参照）。

次に、台所内3か所の床面付近及びガステーブル近くの焼損物を採取し、北川式ガス検知器で鑑識用石油の検知管を用い検知するが、検知管に反応はない。

ここで、検知活動をした同位置から、立会人のＵ男の承認を得て焼損物を試料として採取し、○○○に鑑定嘱託を依頼することとする（添付図5（P.179）及び写真30（P.169）参照）。

次に、建物から出窓状に突出した台所内西側を見分すると、流し台上に水切棚が認められることから、これについてＵ男に説明を求めると、「水切棚は、上の吊り戸棚の下に取り付けられていました」とのことである。

流し台及びこんろ台上方の吊り戸棚及びそれと一体となった換気扇の目隠しを見分すると、吊り戸棚及び目隠しは下枠を残し全て焼損し、この下枠も南寄りで焼き切れ、北側は一部壁に固定されており、斜めの状態でガステーブル直上に脱落している。

ガステーブル上には、焼損した換気扇の金属製部分のみが認められ、この電源コード及び内部配線を確認すると、これらに短絡等の異状は認められない。

続いて、ガステーブルの南側内壁の2口の埋め込みコンセントを見分すると、周囲に電気機器及びプラグは認められないことから、このことについてＵ男に説

明を求めると、「このコンセントは使っていませんでした」とのことである（添付図5（P.179）及び写真31、32（P.170）参照）。

(2) ガステーブル上及びガステーブルの状況

　　ガステーブルの東側に立ち、ガステーブル上の焼損物を慎重に取り除いて見分すると、焼損したタオル及びチラシが認められることから、Ｕ男に説明を求めると、「タオルは、流し台の前に置いてあった物入れの最上段の中にしまっていたもので、チラシはリビングのソファの横に新聞と一緒に置いていました」と説明する。

　　ここで、Ｕ男と共にリビング内の新聞とチラシを置いていたソファの北側に行き確認するも、この位置で新聞とチラシは確認できない（添付図3、5（P.177、179）及び写真32（P.170）参照）。

　　Ｕ男と共に台所に戻り、ガステーブル上の焼損したタオルをめくり見分すると、チラシが一面に敷き詰められており、このチラシをめくると、下からはガステーブルの外縁に沿って焼損した新聞紙が認められる（添付図5（P.179）及び写真33、34（P.170、171）参照）。

　　さらに、焼損している新聞紙を取り除き、ガステーブルのトッププレート上を見分すると、五徳周囲に炭化した新聞紙が認められ、一部灰化しているものも認められる。

　　次に、ガステーブルを見分すると、ガステーブルは南北の中央が凹み、トッププレートは湾曲している。

　　続いて、ガステーブル東面の操作部を見分すると、塗装は焼けており、火力調整つまみは3か所とも、つまみの合成樹脂が焼失し金属部分のみが確認できる。

　　火力調整つまみは、南側に位置しているものは最も北側に寄せてあり、他の二つの火力調整つまみは中央に位置している（添付図5（P.179）及び写真35（P.171）参照）。

(3) ガス元栓の状況及びこんろ台の焼損している堆積物を除去した状況

　　ガステーブルの背面を確認すると、ガステーブルに接続されているゴム製のガスホースは、一部黒色に焼損しているものの、亀裂等はなく原形を保ち、ガスの元栓に接続されており、ガスの元栓を確認すると、元栓のつまみは焼損しているが、つまみの凸部はホースエンドに対して縦方向であり、「開」の位置であることが認められる。

　　ここで、ガステーブルに接続されているガスホースを外して、ガステーブルを屋外へ移動する（添付図5（P.179）及び写真36（P.171）参照）。

　　ガステーブルを移動させたこんろ台上の焼損物を除去し見分すると、こんろ台の東側に焼け焦げが認められるものの、燃え込みは認められない（添付図5（P.179）及び写真37（P.172）参照）。

(4) ガステーブルの分解状況

　　屋外に運び出したガステーブルについて、便宜上操作部を前とし前後左右として、詳細に見分する。

　　ガステーブルのトッププレート上の焼損物を除去し見分すると、トッププレー

トは湾曲しているものの、注意事項が書かれているシール部分にのみ、炭化物の付着が認められ、グリル排気口カバー、五徳、バーナーに異状は認められない（添付写真38（P.172）参照）。

　次に、グリルの受皿を引き出し見分すると、受皿には油が若干付着しているものの、焼損物は認められない（添付写真39（P.172）参照）。

　ガステーブルの前面パネルを見分すると、前面パネルの左寄りに「○○○○」の刻印が確認できる。

　続いて、ガステーブルのトッププレート及び点火ユニットを取り外し、詳細に見分を進めると、トッププレートの下面と内部は、右後寄りから放射状に煤の付着が認められる。

　続いて、点火ユニットの接続部を見分すると、最も右に位置する点火ユニットがグリル用であることが確認できる（添付写真40（P.173）参照）。

　次に、ガステーブルの使用の有無を確認するために、ガステーブル内部右寄りに設置されたグリル用と右バーナー用の点火ユニットを見分すると、全体的に煤が付着し、合成樹脂部分の変色及び溶融が認められるものの、点火スイッチが押された状態であれば露出するはずの爪は確認できない（添付写真41（P.173）参照）。

　続いて、左バーナー用の点火ユニットを見分すると、煤の付着はなく、合成樹脂部分の変色及び溶融は、右寄りに設置された二つの点火ユニットに比べて少ないものの、点火スイッチが押された状態で露出する爪が確認でき、点火スイッチが押された状態であったことが認められる（添付写真42（P.173）参照）。

　次に、ガステーブル本体の下面を見分すると、後ろ寄りの一部に変色が認められるものの、特異な焼損は認められない（添付写真43（P.174）参照）。

〔別表について、本書では省略します。〕

写真1	写真説明
撮影日	平成〇〇年〇〇月〇〇日
撮影者 （所属・ 階級・氏名）	〇〇隊 消防〇〇〇　〇〇　〇〇
撮影位置	航空写真の状況（屋根の焼損状況を確認）

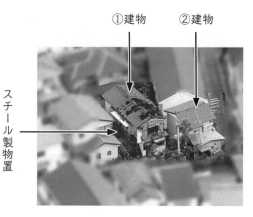

解説　屋根瓦の焼損状況について、高所から撮影することが困難であったことから、上空からの写真を参考に添付しています。

写真2	写真説明
撮影日	平成〇〇年〇〇月〇〇日
撮影者 （所属・ 階級・氏名）	〇〇消防署 消防〇〇　〇〇　〇〇
撮影位置	図2の②から①建物の状況

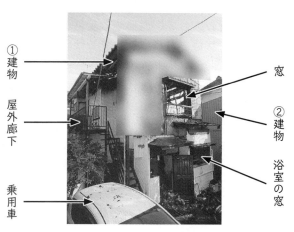

写真3	写真説明
撮影日	平成〇〇年〇〇月〇〇日
撮影者 （所属・ 階級・氏名）	〇〇消防署 消防〇〇　〇〇　〇〇
撮影位置	図2の③から②建物東側の状況

写真4	写真説明
撮影日	平成〇〇年〇〇月〇〇日
撮影者 （所属・ 階級・氏名）	〇〇消防署 消防〇〇　〇〇　〇〇
撮影位置	図2の④から②建物東側の状況

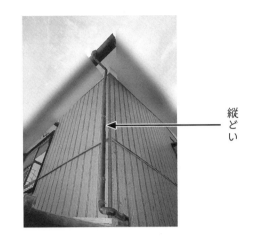

← 縦どい

写真5	写真説明
撮影日	平成〇〇年〇〇月〇〇日
撮影者 （所属・ 階級・氏名）	〇〇消防署 消防〇〇　〇〇　〇〇
撮影位置	図2の⑤から②建物東側の状況

← 軒どい

写真6	写真説明
撮影日	平成〇〇年〇〇月〇〇日
撮影者 （所属・ 階級・氏名）	〇〇消防署 消防〇〇　〇〇　〇〇
撮影位置	図2の⑥から①建物東側南寄りの状況

← 屋外廊下

実況見分調書

写真7	写真説明
撮影日	平成〇〇年〇〇月〇〇日
撮影者 (所属・ 階級・氏名)	〇〇消防署 消防〇〇　〇〇　〇〇
撮影位置	図2の⑦から①建物南側 1階の状況

写真8	写真説明
撮影日	平成〇〇年〇〇月〇〇日
撮影者 (所属・ 階級・氏名)	〇〇消防署 消防〇〇　〇〇　〇〇
撮影位置	図2の⑧から①建物南側 2階の状況

写真9	写真説明
撮影日	平成〇〇年〇〇月〇〇日
撮影者 (所属・ 階級・氏名)	〇〇消防署 消防〇〇　〇〇　〇〇
撮影位置	図2の⑨から①建物西側 の状況

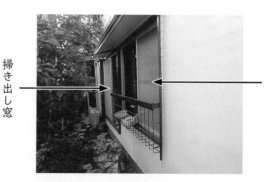

写真10	写真説明
撮影日	平成○○年○○月○○日
撮影者 （所属・ 階級・氏名）	○○消防署 消防○○　○○　○○
撮影位置	図2の⑩から①建物西側の状況

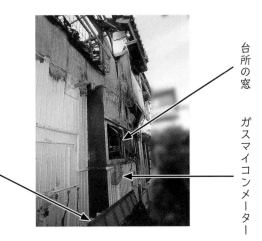

台所の窓　ガスマイコンメーター
プロパンガスボンベ

写真11	写真説明
撮影日	平成○○年○○月○○日
撮影者 （所属・ 階級・氏名）	○○消防署 消防○○　○○　○○
撮影位置	図3の⑪から玄関の状況

分電盤
下駄箱

写真12	写真説明
撮影日	平成○○年○○月○○日
撮影者 （所属・ 階級・氏名）	○○消防署 消防○○　○○　○○
撮影位置	図3の⑫から分電盤の状況

電流制限器

事例5　専用住宅の全焼火災

写真13	写真説明
撮影日	平成〇〇年〇〇月〇〇日
撮影者 （所属・ 階級・氏名）	〇〇消防署 消防〇〇　〇〇　〇〇
撮影位置	図3の⑬から廊下及びトイレの戸の状況

片開き戸

写真14	写真説明
撮影日	平成〇〇年〇〇月〇〇日
撮影者 （所属・ 階級・氏名）	〇〇消防署 消防〇〇　〇〇　〇〇
撮影位置	図3の⑭から脱衣所の状況

台所　洗濯機　給湯器　片開き戸　浴室

写真15	写真説明
撮影日	平成〇〇年〇〇月〇〇日
撮影者 （所属・ 階級・氏名）	〇〇消防署 消防〇〇　〇〇　〇〇
撮影位置	図3の⑮から浴室の状況

写真16	写真説明
撮影日	平成○○年○○月○○日
撮影者 (所属・ 階級・氏名)	○○消防署 消防○○　○○　○○
撮影位置	図3の⑯から台所北寄り の状況

← 冷蔵庫　　格子状の垂木 →　たんす →

写真17	写真説明
撮影日	平成○○年○○月○○日
撮影者 (所属・ 階級・氏名)	○○消防署 消防○○　○○　○○
撮影位置	図3の⑰から台所南寄り の状況

← レンジ台　　間仕切壁 →　食器棚 →

写真18	写真説明
撮影日	平成○○年○○月○○日
撮影者 (所属・ 階級・氏名)	○○消防署 消防○○　○○　○○
撮影位置	図3の⑱からリビング北 側及び東側の状況

断熱材　物入れ　本棚　ピアノ　ソファ

実況見分調書

事例5　専用住宅の全焼火災

写真19	写真説明	
撮影日	平成〇〇年〇〇月〇〇日	
撮影者 （所属・ 階級・氏名）	〇〇消防署 消防〇〇　〇〇　〇〇	
撮影位置	図3の⑲からリビング西側の状況	

写真20	写真説明	
撮影日	平成〇〇年〇〇月〇〇日	
撮影者 （所属・ 階級・氏名）	〇〇消防署 消防〇〇　〇〇　〇〇	
撮影位置	図3の⑳から和室6畳間の状況	

写真21	写真説明	
撮影日	平成〇〇年〇〇月〇〇日	
撮影者 （所属・ 階級・氏名）	〇〇消防署 消防〇〇　〇〇　〇〇	
撮影位置	図3の㉑から和室6畳間天井の状況	

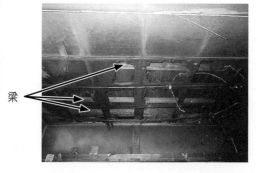

写真22	写真説明
撮影日	平成〇〇年〇〇月〇〇日
撮影者（所属・階級・氏名）	〇〇消防署 消防〇〇　〇〇　〇〇
撮影位置	図4の㉒から2階廊下の状況

トイレ →

写真23	写真説明
撮影日	平成〇〇年〇〇月〇〇日
撮影者（所属・階級・氏名）	〇〇消防署 消防〇〇　〇〇　〇〇
撮影位置	図4の㉓から洋室6畳大の状況

作り付け洋服たんす →　　← 天袋　← 押入　← 布団

写真24	写真説明
撮影日	平成〇〇年〇〇月〇〇日
撮影者（所属・階級・氏名）	〇〇消防署 消防〇〇　〇〇　〇〇
撮影位置	図4の㉔から洋室6畳大の状況

← 廊下

写真25	写真説明
撮影日	平成〇〇年〇〇月〇〇日
撮影者 （所属・階級・氏名）	〇〇消防署 消防〇〇 〇〇 〇〇
撮影位置	図4の㉕から洋室4.5畳大の状況

根太 / たんす

写真26	写真説明
撮影日	平成〇〇年〇〇月〇〇日
撮影者 （所属・階級・氏名）	〇〇消防署 消防〇〇 〇〇 〇〇
撮影位置	図4の㉖から和室6畳間北東側の状況

上枠 / 作り付け洋服たんす

写真27	写真説明
撮影日	平成〇〇年〇〇月〇〇日
撮影者 （所属・階級・氏名）	〇〇消防署 消防〇〇 〇〇 〇〇
撮影位置	図4の㉗から和室6畳間北西側の状況

梁

写真28	写真説明
撮影日	平成〇〇年〇〇月〇〇日
撮影者 (所属・ 階級・氏名)	〇〇消防署 消防〇〇　〇〇　〇〇
撮影位置	図4の㉘から和室6畳間 南寄り床面の状況

梁／梁／1階台所

写真29	写真説明
撮影日	平成〇〇年〇〇月〇〇日
撮影者 (所属・ 階級・氏名)	〇〇消防署 消防〇〇　〇〇　〇〇
撮影位置	図5の㉙から台所の状況

ガステーブル／冷蔵庫／食器棚／レンジ台

写真30	写真説明
撮影日	平成〇〇年〇〇月〇〇日
撮影者 (所属・ 階級・氏名)	〇〇消防署 消防〇〇　〇〇　〇〇
撮影位置	北川式ガス検知管の状況

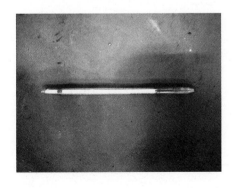

実況見分調書

事例5　専用住宅の全焼火災

写真31	写真説明
撮影日	平成〇〇年〇〇月〇〇日
撮影者（所属・階級・氏名）	〇〇消防署 消防〇〇　〇〇　〇〇
撮影位置	図5の㉛から台所西側の状況

換気扇／吊り戸棚下枠／水切棚

写真32	写真説明
撮影日	平成〇〇年〇〇月〇〇日
撮影者（所属・階級・氏名）	〇〇消防署 消防〇〇　〇〇　〇〇
撮影位置	図5の㉜からガステーブル上の状況

埋め込みコンセント／タオル　チラシ

写真33	写真説明
撮影日	平成〇〇年〇〇月〇〇日
撮影者（所属・階級・氏名）	〇〇消防署 消防〇〇　〇〇　〇〇
撮影位置	図5の㉝からガステーブル上の状況

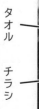

タオル　チラシ

写真34	写真説明
撮影日	平成○○年○○月○○日
撮影者 (所属・階級・氏名)	○○消防署 消防○○　○○　○○
撮影位置	図5の㉞からガステーブル上の状況

新聞紙

写真35	写真説明
撮影日	平成○○年○○月○○日
撮影者 (所属・階級・氏名)	○○消防署 消防○○　○○　○○
撮影位置	図5の㉟からガステーブル上面の状況

火力調節つまみ　トッププレート　新聞紙

写真36	写真説明
撮影日	平成○○年○○月○○日
撮影者 (所属・階級・氏名)	○○消防署 消防○○　○○　○○
撮影位置	図5の㊱からガスの元栓の状況

元栓

写真37	写真説明
撮影日	平成〇〇年〇〇月〇〇日
撮影者 （所属・ 階級・氏名）	〇〇消防署 消防〇〇　〇〇　〇〇
撮影位置	図5の㊲から台所床面の状況

写真38	写真説明
撮影日	平成〇〇年〇〇月〇〇日
撮影者 （所属・ 階級・氏名）	〇〇消防署 消防〇〇　〇〇　〇〇
撮影位置	トッププレートの状況

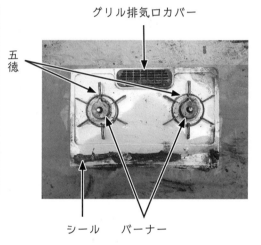

写真39	写真説明
撮影日	平成〇〇年〇〇月〇〇日
撮影者 （所属・ 階級・氏名）	〇〇消防署 消防〇〇　〇〇　〇〇
撮影位置	グリル内の網及び受け皿の状況

写真40	写真説明
撮影日	平成〇〇年〇〇月〇〇日
撮影者（所属・階級・氏名）	〇〇消防署 消防〇〇 〇〇 〇〇
撮影位置	ガステーブルを分解した状況

トッププレート / グリル用点火ユニット / バーナー用点火ユニット

写真41	写真説明
撮影日	平成〇〇年〇〇月〇〇日
撮影者（所属・階級・氏名）	〇〇消防署 消防〇〇 〇〇 〇〇
撮影位置	右寄り点火ユニットの状況

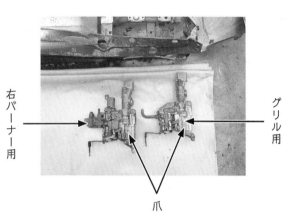

右バーナー用 / グリル用 / 爪

写真42	写真説明
撮影日	平成〇〇年〇〇月〇〇日
撮影者（所属・階級・氏名）	〇〇消防署 消防〇〇 〇〇 〇〇
撮影位置	左寄り点火ユニットの状況

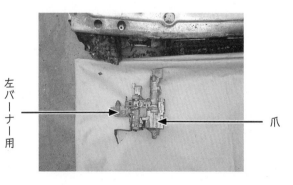

左バーナー用 / 爪

写真43	写真説明
撮影日	平成○○年○○月○○日
撮影者 （所属・ 階級・氏名）	○○消防署 消防○○　○○　○○
撮影位置	ガステーブル本体下面の状況

図1

案 内 図

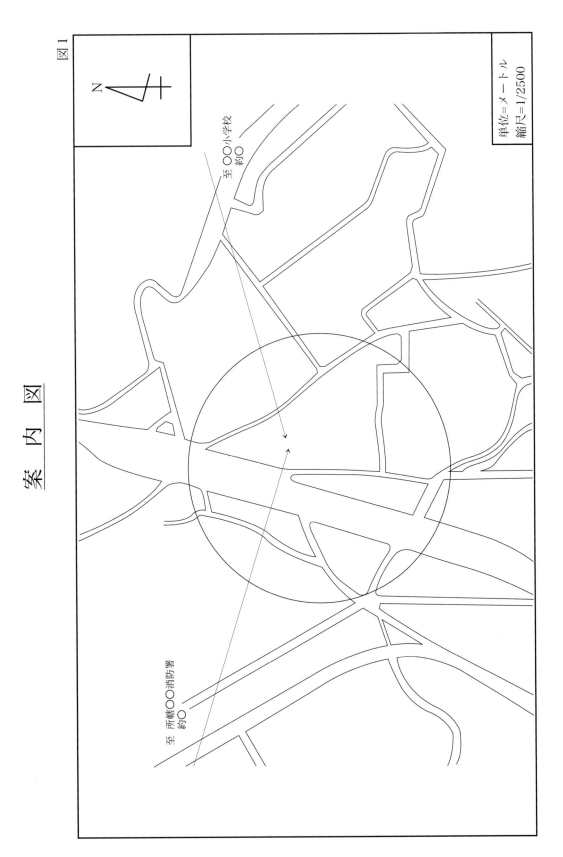

単位＝メートル
縮尺＝1/2500

至 ○○小学校
約○

至 所轄○○消防署
約○

事例5　専用住宅の全焼火災

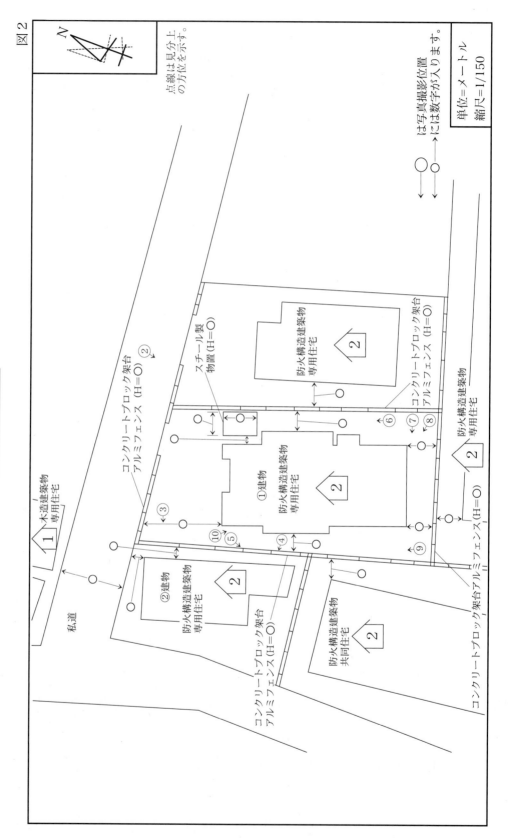

H川方1階平面図

図3

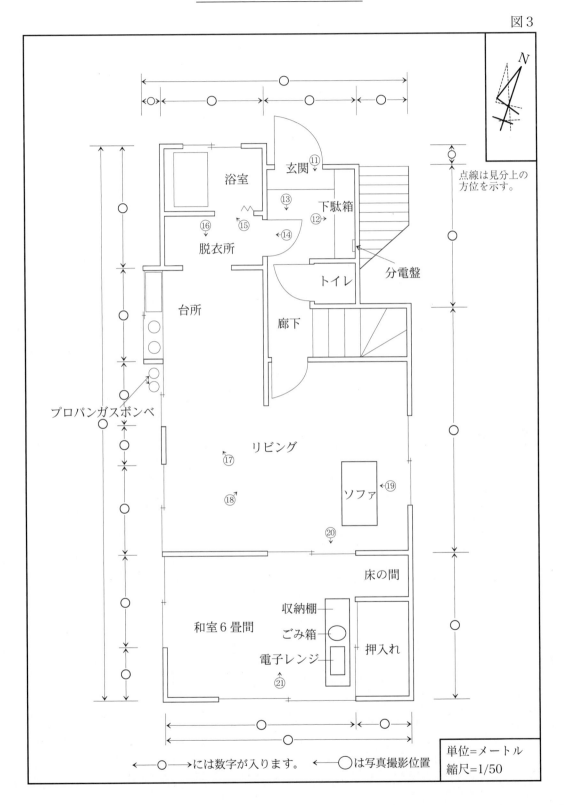

H川方2階平面図

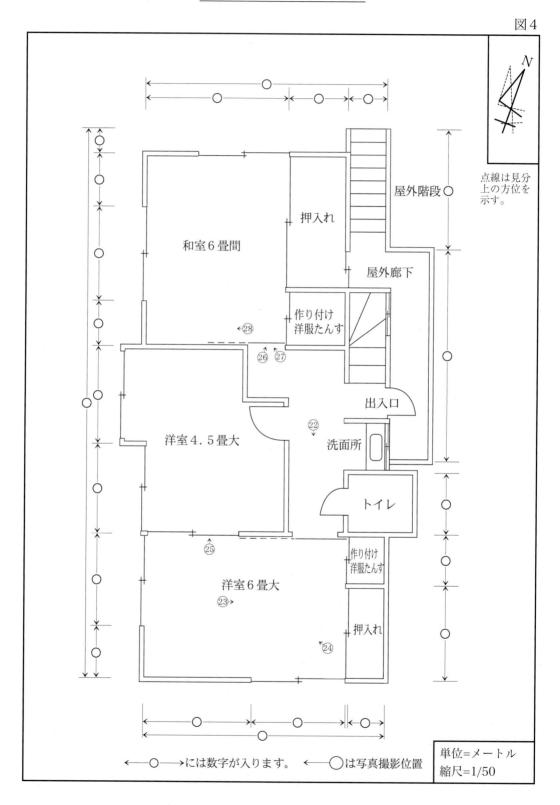

図4

H川方拡大図

図5

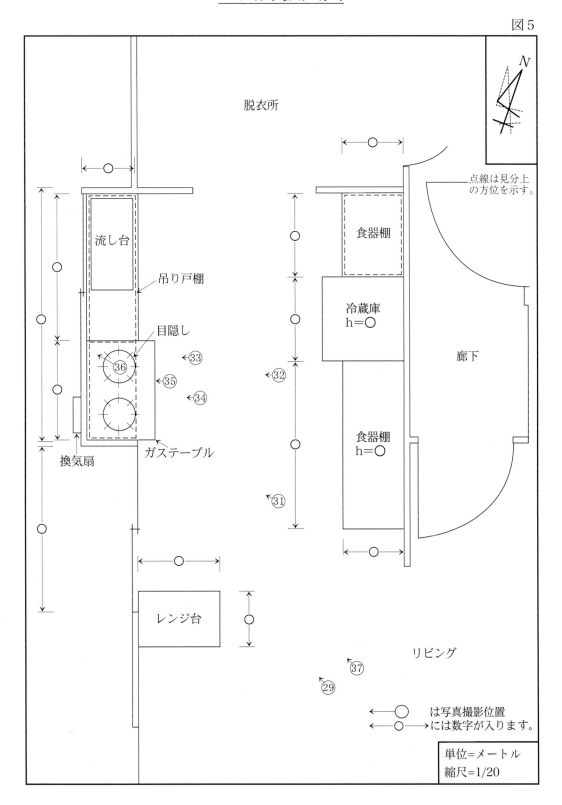

事例5　専用住宅の全焼火災

車両火災の火災調査書類

車両火災

・火災概要・

1　出火時刻・出火場所
　　平成○○年○○月○○日（○）○○時頃、○○市内の○○自動車道上り○○キロポスト付近から発生

2　原　因
　　漏えいしたエンジンオイルがエキゾーストマニホールドに付着して出火

3　り災程度
　　軽自動車1台を焼損

4　関係者
　(1)　火元者……S木R男（○○歳）
　(2)　所有者……同　　　上
　(3)　通報者……同　　　上
　(4)　立会者……M井U男（○○歳）

・例示している火災調査書類・

・　火災原因判定書
・　実況見分調書（第1回）
・　実況見分調書（第2回）

火災原因判定書

表記の火災について、次のとおり判定します。
出火日時　**平成○○年○○月○○日（○）○○時○○分頃**
出火場所　**○○市○○区○○町○丁目○○番地○○**
　　　　　○○
火 元 者　職業・氏名　**○○○　　S木　R男**
　　　　　　　　　　　平成○○年○○月○○日
　　　　　　　　　　所　　　属　**○○消防署**
　　　　　　　　階級・氏名　**消防○○　○○　○○　印**

1　出火前の状況
　(1)　焼損車両はS木R男（○○歳）が所有する平成○○年式、排気量○○○ccの○○社製の軽自動車○○である。
　　　S木は、当該車両を平成○○年○○月に中古で購入し、平成○○年○○月にエンジンオイル及びエンジン冷却水の量の点検を行い、規定量が入っていることを確認している。
　(2)　S木は、出火当日の○○時頃、自宅から○○市○○区に所在する勤務先へ焼損車両で出勤し、出勤登録等を行い○○時○○分頃に、当日の仕事先に焼損車両で向かうため○○自動車道（通称○○高速）を走行していたところ、○○インターまで1キロメートルの標識が見えた辺りで、アクセルを踏んでも速度が上がらず、速度が落ちると同時に助手席足元から白煙が出てきたのを認め、車両を左側路肩に止めてハザードランプをつけたが、しばらくしてエンジンが停止し、メーターパネル内のハザード表示灯の点滅も消えてしまったため、JAFに電話をしながら車検証を探していたところ、ボッという音とともに助手席の隙間から炎が上がる本火災を発見したものである。
2　出火時刻の推定
　　JAFに電話中に、炎が出たことを話したところ、安全な場所への移動と消防への通報を指示され、車外に出て携帯電話（○○○―○○○○―○○○○）で、「火事です。私の自動車が燃えています。場所は、○○高速上りの○○インター出口手前になります。けが人はいません」と119番通報をしたもので、この通報を○○消防本部は○○時○○分に覚知している。
　　これらS木の一連の行動及び現場の焼損状況から考察して、本火災の出火時刻は、覚知する○分前、○○時○○分頃と推定する。
3　出火箇所の判定
　(1)　実況見分調書
　　　焼損車両の車内は、前部のステアリング、インストルメンタルパネル、コンソールボックスは全て焼損し、金属の部品のみを残しているのみであるほか、運転席及

び助手席部分の座席は焼損し、座面及び背板部分の金属部が全て露出し、露出している金属部が灰白色に変色しているが、後部座席は背板部分の金属部は全て露出しているものの、座面は一部ウレタン製のシートと内部のスプリングが確認できる。

　焼損車両の下部は、後方には煤が付着しているのみで焼損は認められず、エンジンから前方が焼損しており、特にエンジンルームの左側は、右側に一部残存している防音断熱材は認められず、車体から取り外したエンジンの右側インテーク側は黒い煤の付着や、黒く変色しているのに対して左側エキゾースト側は白く変色し、一部金属地金が露出している。

⑵　関係者の供述

　Ｓ木は、車両の異常を感じて、同車両を路側帯に停車させた際、助手席の足元付近から炎が上がる本火災を発見している。

⑶　結論

　以上のとおり（１）及び（２）を考察すると、車両下部若しくは機関部から出火した可能性が高い。

　また、車両下部は後方からエンジン部から前寄りの機関部の焼けが強いこととエンジンの左側は防音断熱材も全て焼損するほか、金属部分は白色に変色し、一部地金も露出しており焼損が著しいことから、出火箇所は機関部と判定する。

4　出火原因の判定

　走行中スピードは落ちたもののハンドル操作や制動に異常は認められず、白煙を認め、停車後に出火していること及び焼損状況から、放火やたばこによる出火は考えられないほか、路側帯に停車させた際、ヘッドライトは点灯し、ハザードランプも点滅する状態であり、しばらくしてエンジン停止とともにこれらが消灯したと供述していることと、各電気配線に溶融痕が認められないことから、電気系統、エンジン本体、制動及びプロペラシャフト等の駆動関係からの出火は考えられず、出火原因として機関部に係る、排気管とエンジンオイルについて検討する。

　実況見分調書（第２回）に記載のとおり、エキゾーストマニホールド３番ポート取り付けナット１個が緩んでおり、エンジンからエキゾーストマニホールドを取り外し接触面の見分をしたところ、１、２番ポートは滑らかなのに対し３番ポートは腐食し、粗い部分が認められた。

　これは、３番ポートからエンジンの排気が漏れていたことを示している。

　また、緩んだナットについては、車両は初年度登録から約14年以上経過しており、メンテナンス状況は特定できないものの、経年劣化の可能性があること。

　出火当日、Ｓ木は高速道路を時速約○○○キロメートルで走行していたと供述しており、エキゾーストマニホールド内の排気ガスの温度は約○○○℃になると焼損車両の技術者が供述している。

　エキゾーストマニホールドはアッパーカバー、ロアカバー及びアウターカバーの３種類のカバーで覆われているが、完全密閉はされておらず、それぞれのカバーの間には隙間が存在する。

　一方、エキゾーストマニホールドロアカバーのトランスミッション側にはブロー

バイガス還元装置の一部であるフッ素ゴム製オイルドレーンNo.1ホースが位置し、内部には圧力が掛かったエンジンオイルが流れており、危険物第4類第4石油類のエンジンオイルは、〇〇〇℃から〇〇〇℃前後で発火する。

また、フッ素ゴムはゴム製品の中では耐熱性が高く、使用限界温度は〇〇〇℃前後であるが、3番ポートエキゾーストマニホールド結合部から高温の排気ガスが漏れた場合、直近に位置しているフッ素ゴム製のオイルドレーンNo.1ホースのフッ素ゴムが溶融し内部を流れているエンジンオイルが噴出する可能性があり、さらに、噴出したエンジンオイルが直近のエキゾーストマニホールドへ付着し、出火した可能性が考察できる。

そして、出火後、エキゾーストマニホールドの上部に位置しているトランスミッション側面のATセレクタが焼損したことにより、早期に車速センサーに影響を与え、車の速度も上がらなくなることが考察できる。

以上のことから、排気管のエキゾーストマニホールドの結合部下部の取付けナットが経年劣化等の原因で緩んでいたため、高速走行中にエキゾーストマニホールドの結合部から高温の排気ガスが漏れて、漏えい部の直近に位置しているオイルドレーンホースが溶融し、内部のエンジンオイルが噴出してエキゾーストマニホールドに付着し、出火した可能性は十分に考えられる。

5　結論

本火災は、Ｓ木Ｒ男（〇〇歳）が運転する平成〇〇年式、排気量〇〇〇ccの軽自動車のエキゾーストマニホールド結合部の下部取付けナットが経年劣化等により緩んでいたため、車を高速走行させた際、排気ガスがこの結合部の隙間から漏れ、漏えい部の直近に位置しているフッ素ゴム製のオイルドレーンホースが溶融し、内部のエンジンオイルが噴出してエキゾーストマニホールドに付着し、出火したものと判定する。

実況見分調書（第1回）

　表記の火災について、関係者の承諾を得て、り災状況を明らかにするため次のとおり見分した。

　　　　　　　　　　平成〇〇年〇〇月〇〇日
　　　　　　　　　　　　　所　　属　〇〇消防署
　　　　　　　　　　　　　階級・氏名　消防〇〇　〇〇　〇〇　印

日　　　時	平成〇〇年〇〇月〇〇日　〇〇時〇〇分開始 平成〇〇年〇〇月〇〇日　〇〇時〇〇分終了
場所及び物件等	〇〇市〇〇区〇〇町〇〇丁目〇〇番地〇〇
立　会　人	S木　R男（〇〇歳）

1　現場の位置及び付近の状況
　(1)　現場の位置
　　現場は、所轄〇〇消防署〇〇出張所から南東方へ直線距離約480メートル、〇〇消防署から南西方へ直線距離約1,300メートルの地点で、〇〇自動車道（以下「〇〇高速」という。）上り7.8キロポストの高速道路上である。
　　用途地域は、現場が〇〇高速上であることから指定はなく、消防水利も〇〇高速上であることから、有効な水利は無い状況である（添付図1参照）。
　(2)　付近の状況
　　以下の見分は、見分の便宜上、北東を北として実施する。
　　焼損車両は、南北に走る〇〇高速の〇〇インターチェンジに至る分岐点の北側約50メートルの路側帯に停車しており、焼損車両の東側は14.2メートルから14.8メートルの3車線道路で、その先は幅3.0メートルの中央分離帯となっており、西側は1.6メートルから2.0メートル隔てて、高さ1.0メートルのコンクリート製の台座上に高さ約7メートルの金属製の遮音壁が連続して設置されている（添付図2及び写真1参照）。

2　現場の模様
　焼損車両は、〇〇高速上り線の西寄りにある路側帯上に前部を北側に向けて停車しており、車両の大きさを測定すると、車両の長さは〇メートル、幅は〇メートル、高さ〇メートルのワゴン形状の車両である。
　焼損車両西側の遮音壁は、コンクリート製台座の上によろい戸状の細長い穴の開いた金属板が13枚積み重ねられた構造となっている。
　遮音壁を見分すると、焼損車両の西側に位置する箇所の路面から約2メートルの高さを起点とし、上方へ約5メートルにわたり扇状に煤け、上方の最大幅は約12メートルあり、下部は黒く上部は灰色になっている。
　続いて、コンクリート製の台座上を見分すると、焼損車両から約3メートル離れた

位置に設置されている反射板は、直径約0.03メートル、高さ約0.2メートルの金属製の棒に直径約0.1メートルの楕円形反射材があり、反射部分の合成樹脂製部分が焼失し、金属部分のみとなっている。

　次に、遮音板の隙間から内部を確認すると、遮音材のウレタンが溶融し、遮音板下部に垂れ下がる様相で堆積しているのが認められる（添付図２及び写真１、２参照）。

　次に、車両の焼損状況の見分を、所有者の会社員Ｓ木Ｒ男（○○歳）に立会いを求め、見分の便宜上、車両進行方向を向いて前後左右とし実施する。

　車両の車種やボディの色について立会人のＳ木に説明を求めると、「この車両は○○社製の○○で、車体の色は紺でした。車検証は燃えてしまったので、車両の詳しいことは分かりません」とのことである。

　続いて、路上に立ち車両の外周部を見分する。まず、焼損車両の右側面を見分すると、前後輪のタイヤはほぼ焼失して原形がなく、タイヤのリング状補強部のビートワイヤー部分が一部残存しているほか、アルミホイールは煤けて所々溶融し、原形をとどめていないのが認められる。

　サイドガラスは全て破損しており、車内及び路面上に飛散しているのが認められる。

　フロントドアは、ドア全体が焼けて黒色に変色しているのが認められ、リアスライドドアは、上部の一部が焼けて黒色に変色しているが、全体的に灰白色に変色している。フロントドアとリアスライドドア間の下部に設けられている燃料給油口は、給油口扉が開いており、給油口キャップは確認できない。給油口から燃料タンク内部を見分すると、給油口とタンクを結合するホースが焼損し茶褐色に変色しているのが認められる。

　側面後部は、スライドドアレールの上方が群青色に変色し、リアスライドドアレールからリアフェンダーにかけて茶褐色に変色しているのが認められる（添付図３及び写真３参照）。

　車両後部は、リアガラスが全て破損し路面上に飛散しており、リアバンパー及びリアコンビネーションランプは認められないが、ランプの配線は残存している。

　バックドアは全体的に黒色に変色しているが、両下端には紺色の塗色が一部残存している。

　リアナンバープレートは白色に変色し、数字を確認すると、車両登録番号は、○○△△○△△△と読み取ることができる（添付図３及び写真４参照）。

　焼損車両の左側面を見分すると、前後輪のタイヤはほぼ焼失し、タイヤワイヤーが一部残存しているほか、アルミホイールは所々溶融し、原形をとどめていないのが認められる。

　サイドガラスは全て破損し、車内及び路面上に飛散しているのが認められる。

　フロントドア及びリアスライドドアは黒色に変色し、所々灰白色に変色している（添付図３及び写真５参照）。

　車両前部を見分すると、フロントガラスは全て破損し、一部は路面上で溶融固着しているのが認められる。

バンパー、グリルガード、ナンバープレート、ヘッドライト及びウインカーレンズは認められず、これらの電気配線の芯線の被覆は焼失し、芯線が茶褐色に変色しているのが認められるが、これらの配線に溶痕等は認められない。
　ボンネットは全体が黒く変色しているものの金属地金は露出していない。
　次に、車内の前部を開口部から覗き込み見分すると、ハンドル、ステアリング、インストルメンタルパネル、コンソールボックスは全て焼損し、各種金具が露出しており原形をとどめていない。
　運転席及び助手席部分の座席は焼損し、座面及び背板部分の金属部が全て露出しており、灰白色に変色しているのが認められ、ダッシュボード下部分には合成樹脂製の溶融物や焼損したハンドル等が堆積している。
　助手席側のフロントドアの内側は、他のドアの内側が黒く焼け焦げているのに対し、灰白色に変色しているのが認められる（添付図3及び写真6参照）。
　車内後方は荷室部分も含め前方同様に全て焼損しており、荷室内に積載品はない。後部座席は背板部分の金属部が全て露出しているものの、座面は一部焼損しウレタン製シート内部のスプリングが確認でき、黒色に変色しているのが認められる。
　焼損車両を移動させ路面を見分すると、舗装アスファルト上にアルミの焼損溶融物が認められ、路面に固着しており、焼損車両との位置を確認すると、エンジンルーム下方であることが認められる。
　路面は約6平方メートルにわたり、アスファルト面が焼損しており、舗装アスファルトは焼損車両とほぼ同じ大きさの範囲で黒く変色しているのが認められる（添付図3及び写真7参照）。
　ここで、現場が高速道路上であり、詳細な見分には危険が伴うことから、焼損車両を安全な場所に移送させることとする。

〔図1～3、写真1～7について、本書では省略します。〕

解説　各書類の記載方法は、項立てを細かくして記載する方法と大きな項立てで記載する方法があり、どちらが分かりやすいかは、それぞれ意見が分かれると思います。
　本事例では、他の事例と比較できるように大きな項立てで記載していますので、参考にしてください。

実況見分調書(第2回)

　表記の火災について、関係者の承諾を得て、り災状況を明らかにするため次のとおり見分した。

　　　　　　　　　　平成〇〇年〇〇月〇〇日
　　　　　　　　　　　　　　所　　　属　〇〇消防署
　　　　　　　　　　　　　　階級・氏名　消防〇〇　〇〇　〇〇　㊞

日　　　時	平成〇〇年〇〇月〇〇日　〇〇時〇〇分開始 平成〇〇年〇〇月〇〇日　〇〇時〇〇分終了
場所及び物件等	〇〇市〇〇区〇〇町〇〇丁目〇〇番地〇〇
立　会　人	S木　R男（〇〇歳）　M井　U男（〇〇歳）

　実況見分第1回で焼損が認められた車両(以下「焼損車両」という。)が移送された〇〇県〇〇市〇〇区〇〇町〇〇番地〇に所在する株式会社〇〇〇営業所整備工場にて、出火当日、車両を運転していたS木R男(〇〇歳)及び〇〇〇株式会社〇〇課班長のM井U男(〇〇歳)を立会人とし、株式会社〇〇〇で用意した同型式の車両と焼損車両を並べて、適宜比較しながら見分を行う。

　焼損車両の前部ナンバープレートは欠損しているので、車両後部ナンバープレートから車両登録番号は〇〇△△〇△△△△であることを確認する。

　焼損車両の車種やボディの色についてS木に説明を求めると、「車体の色は紺色です。車検証が燃えてしまい詳しいことは今分かりませんが、警察の方がナンバーから調べてくれ、車体番号は〇〇〇〇〇〇-〇〇〇〇〇〇です」と説明する。

　ここで、焼損車両のエンジンルームの枠に刻印してある車体番号を確認すると、同様であることが確認できる(添付写真1参照)。

　次に、立会人M井に焼損車両の年式等の説明を求めると、「この車両は〇〇社製の〇〇で、型式は〇〇-〇〇〇〇〇、製造年月は車体番号から調べたところ、19〇〇年〇月です。エンジンの排気量は〇〇〇cc、オートマチックトランスミッション、燃料はガソリンで燃料タンクの容量は〇〇リットルです」とのことである。

　なお、車両の見分は便宜上、車両進行方向を向いて前後左右として見分する。

1　ボンネット内部の状況

　　焼損車両前部のボンネットを上げ、同型車両と比べながらボンネット内部を見分する。

　　ボンネットの外側は、黒色に変色しているが、内側は白色に変色している。

　　ボンネット内部は、最上部の右端と中央部にワイパーのモーター、中段の右寄りにはブレーキオイルのリザーバータンク、左寄りにはウインドウォッシャーのリザーバータンク及びウォッシャーポンプ、下部の右寄りには冷却水リザーバータンクが位置しているものの、同型車と比較すると、いずれも原形をとどめていない。

次に、ボンネット下のグリルガード内を見分すると、中央にラジエター、エアコンコンプレッサ及びラジエターファンが位置しており、ラジエターファンのモータのみが残存し、他の物は認められない。
　グリルガード内の下部には、金属の配管が露出しており、これらの配管についてM井に説明を求めると、「太い配管は冷却水等の水の通る配管で、細い配管はブレーキオイルなどのオイルの通る配管やエアコンのガスが通る配管です」と説明する。
　ボンネット及びグリル内部の金属部は、下部は黒く変色し、上部は所々白色に変色している（添付図1及び写真2参照）。

2　焼損車両車内の状況
　次に、ドアを開け車内を順次見分すると、運転席の足元に円柱形の金属製の容器が認められるので、S木に説明を求めると、「それは吸殻入れで、運転席のダッシュボードの右上に置いてありました。中に吸殻は無かったはずです」と説明する。
　そこで、この吸殻入れを見分すると、外周部は焼けて黒くなっているが、蓋を開けて内部を見分するも、吸殻や灰は認められず、焼けも認められない（添付図1及び写真3参照）。

3　焼損車両下部の状況
　焼損車両及び同型車両をリフトで持ち上げ、車両の下側から見分を行う。
　まず、後部を見分すると煤が付着しているものの焼損は認められず、中央のエンジン付近から前部に焼損が認められる。
　次に、前部を見分すると、ラジエターカバーやエンジンカバーの樹脂製の部品はほぼ全て焼失し、その内側のラジエター本体も認められない。
　エンジン本体や前輪サスペンションを構成するトレーディングアーム、サスペンションメンバ等の金属製の部品は黒色のほか、一部灰白色に変色しているものの変形は無く原形をとどめている。
　車両前部のフレーム及びサスペンションメンバ表面の両端は煤が付着しているほか、中央付近は灰白色に変色している（添付図1及び写真3参照）。
　続いて、焼損車両下部の中央を見分すると、中央より前方にエンジンが取り付けられており、エンジン後方のトランスミッションケース左側にはアルミの溶融物が付着している。
　また、後輪同士をつなぐデファレンシャル中央部から車両前方へプロペラシャフトが伸びているが、車軸と交差する部分で変形しており、トランスミッションに結合されていない。
　オイルパンには大きな変形は無いが、底面に擦れた痕が認められる。
　プロペラシャフト右側に燃料タンクが位置しており、タンク表面は焼けて黒色に変色しているが、変形や破裂は認められない。
　燃料タンクと給油口の間、燃料タンクと運転席下付近のキャニスタの間を接続するホース等の部品は認められない。
　続いて、燃料タンク内を確認すると、内部に燃料は認められない。

シャーシのサイドメンバ及びロッカーパネルを左右比較すると右側サイドメンバが黒く変色し、燃料タンク外側付近のロッカーパネルが灰白色に変色しているのに対し、左側はサイドメンバ及びその外側のロッカーパネル下側部分まで灰白色に変色し、一部金属地金が露出し錆が発生している。
　エンジンや各部品を接続する配管の金属部分は残存しているものの、接続部の部品は認められない（添付図1及び写真5参照）。
　次に、プロペラシャフト等を同型車両と比較し見分する。
　まず、同型車両を見分すると、トランスミッションアウトプットシャフト、スライディングヨーク、プロペラシャフト、デファレンシャルとつながっているが、焼損車両はスライディングヨークが欠損している。プロペラシャフトは灰白色に変色し、扇状に開いて変形しているものの、プロペラシャフトに引きずったような痕跡は認められない。
　プロペラシャフトの変形についてM井に説明を求めると、「通常、プロペラシャフトは中空で密閉されているため、火災熱等で温度が上がると、中の空気が膨張して破裂することがあります」と説明する。
　続いて、トランスミッションの周囲を見分すると、トランスミッションアウトプットシャフトは煤けと若干の変色が認められるのみだが、周辺のトランスミッションケースはアルミが溶融し、車体に固定するマウントが外れているため、トランスミッションが下に落ち込んでいる（添付図1及び写真5参照）。
　トランスミッション右側上部にスタータモータが認められるが、脱落している。また、その下部のケース状のものは上部のアルミが溶融しており、内部を見分すると、ギヤ類に煤が付着しているのが認められる。
　ここで、M井にスタータモータの位置及びギヤについて説明を求めると、「スタータモータの取り付け位置はここで、スタータモータの下にあるのはATセレクタですが、この状態ではギヤがどの位置に入っているかは分かりません」と説明する。
　続いて、スタータモータから出ている配線をはじめ、この付近の電気配線を見分すると、断線はしているものの溶痕等は認められない（添付図1及び写真6参照）。
　次に、車両前方からエンジン下部を同型車両と比較しながら見分すると、焼損車両のゴム製の配管及びクランクプーリーに架かるベルトはほぼ全て焼失し、金属配管のみ残存している。
　エンジン左側のオイルフィルタ及びオイルクーラは欠損しており、オイルパン最下部にアルミの溶融物が固着しているが、オイルパンやエンジン本体に破損、変形は認められない（添付図1及び写真6参照）。
　次に、オイルパンのドレンプラグを緩め内部の液体を採取するとオイルよりも水がほとんどで、計量すると約1.3リットル入っている。
　ここで、M井に通常のエンジンオイルの量について説明を求めると、「通常はエンジンオイル交換時にオイルを3.4リットル注入しています」と説明する。

4　エンジンルーム内の状況
　運転席、助手席を取り外し、運転席、助手席の座席の裏側を見分すると、運転席

側は煤の付着があるほか、黒色に変色しているのに対し、助手席側は白色になっている（写真7参照）。

　次に、エンジンルームを車内から見分すると、右側の運転席の下は、インテーク側で、燃料を含む混合気をエンジンに送る装置が取り付けられており、左側の助手席側はエキゾースト側で、エンジンから排気する装置が認められる。

　ここで、エンジンルームを同型車両と比較しながら見分すると、エンジンルーム右側は、一部の防音断熱材は認められるものの、樹脂製のエアクリーナ、キャニスタ、各種ゴム製のホース類が焼失している。

　ここで、同型車両のエキゾーストマニホールドはアッパーカバー、ロアカバー及びアウターカバーの3種類のカバーで覆われているので、このカバーを見分すると、完全密閉はされておらず、それぞれのカバーの間には隙間があることが認められ、直近にゴム製のホースが認められることから、立会人M井にこのホースについて説明を求めると、「ブローバイガス還元装置の一部であるフッ素ゴム製オイルドレンホースで、内部には圧力が掛かったエンジンオイルが流れています」と説明する。

　エンジンルーム左側助手席下は、前方にバッテリーのセル金属部分が残存しているものの、バッテリー外側の容器は焼失している。

　バッテリーの後部に位置しているイグニッションコイルは、存在するものの、溶融しており原形をとどめていない。

　さらに、同型車両にはバッテリーの前方にメインヒューズボックスが取り付けられているが、焼損車両はほぼ全て焼失しており、ヒューズの断線状況は確認できない。

　バッテリー及びイグニッションコイルからつながる配線はいずれも断線しているが、溶痕等は認められない。

　エンジンルームの左側は、右側に一部残存している防音断熱材は認められない（添付図1及び写真8参照）。

　次に、車体からエンジンを取り外し、エンジンルーム側面を車両下部より見分すると、右側インテーク側は黒い煤の付着や、黒く変色しているのに対して、左側エキゾースト側は白く変色し、一部金属地金が露出している（添付図1及び写真9参照）。

5　エンジンの状況
　(1)　エンジン外観の状況
　　同型車両のエンジンと比較しながら、車両から取り外したエンジンを上方より見分すると、オイル等が付着している痕跡は認められない。

　　次に、左側の最上部を見分すると、最上部に位置しているアルミ製シリンダヘッドカバー及びインテーク側上部のアルミ製インテークマニホールドはいずれも溶融して、エンジンブロックの上部に固着している。

　　続いて、右側の最上部を見分すると、インジェクタへ燃料を供給するデリバリーパイプは、インジェクタと結合されており、上方から見分できるはずのゴム製の各配管やエアクリーナーアウトレットホース等は、焼失している（添付図2

及び写真10参照）。

　次に、エンジンを前方から見分すると、最上部に位置しているジェネレータは脱落し黒色に変色しており、クランクプーリ等をつなぐベルトは焼失している。

　続いて、エンジン左側を見分すると、右側に比較して煤が多く付着しているほか、一部に錆が出ている箇所も認められる（添付図2及び写真11参照）。

　次に、エンジン右側を見分すると、シリンダヘッドカバー及びトランスミッションケースのアルミが溶融し黒色に変色しているものの、エンジンマウントは原形をとどめている（添付図2及び写真12参照）。

　次に、エンジンを後方から見分すると、トランスミッションケースのアルミは溶融し、オイルパン上部に固着している。

　トランスミッションケースの溶融は、右側より左側が著しい（添付図2及び写真13参照）。

　シリンダヘッドカバー下の3本のスパークプラグ及びハイテンションコードを見分すると、煤けているものの焼けは認められない。

　エキゾーストマニホールドのアウターカバーは、原形をとどめているが、上部にはアルミや樹脂の溶融物が固着しており、表面の一部に錆が認められるほか、前寄りは黒色に、後ろ寄りは灰白色に変色している（添付図2及び写真14参照）。

　続いて、エンジンに付着している溶融物を除去しながら、さらに詳細に見分を進める。

　右側上部のインテークマニホールドの溶融物を取り除きエンジンブロックを露出させると、エンジンブロック上部に破損等は認められず、黒色に変色している（添付図2及び写真15参照）。

　エンジン左側の上部のシリンダヘッドカバーを取り外し、シリンダヘッドの内部を見分すると、シリンダヘッド後ろ寄りの右側はケースのアルミが溶融しているものの、内部のアーム及びバルブに変形及び変色は認められず、後方よりの一部に煤が付着しているのが認められる（添付図2及び写真16参照）。

　続いて、シリンダヘッドから、スパークプラグ3本とそれらにつながるハイテンションコードを取り外し、車両の前方から1番、2番、3番と呼び見分する。

　まず、スパークプラグの中心電極と接地電極の間隔をシックネスゲージで測定すると、1.2ミリであり、電極付近を見分すると、煤の付着が認められるものの、変形は確認できない。

　次に、ハイテンションコードとの3か所の接合部を見分すると、変形や変色は認められない。

　続いて、3本のハイテンションコードを見分すると、各コードとも断線しているものの、溶痕は認められない（写真17参照）。

(2)　エキゾーストマニホールド付近の状況

　シリンダヘッドの左側に位置しているエキゾーストマニホールドから各種金属製のカバー類を取り外し見分する。

　エキゾーストマニホールドは3個の排気ポートが、シリンダヘッドから出てい

るスタッドボルトに各々2か所ずつ、合計6か所でナット締めされている。

車両前方から1番、2番、3番として各ポートを見分すると、3番ポート下部のナットに緩みが確認でき、その他5個のナットは締め付けられている。

3か所の排気ポート結合部付近は黒い煤が一様に付着しているが、結合部より触媒側のパイプ部分は灰白色に変色している。

ここで、このナットを6個全て外して、6本のスタッドボルトを見分すると、3番ポート下部のスタッドボルトのみ、ねじ山の根元付近が煤けており、その他のスタッドボルトのねじ山は煤けていない。

続いて、各ポートの内側と外側を見分すると、1、2番ポートはポート内側に腐食が確認できるものの、ポート外側の腐食は確認できないが、3番ポートは、ポート内側、外側の両側に腐食が認められる（添付図2及び写真19参照）。

次に、取り外したエキゾーストマニホールドのシリンダヘッド結合部を詳細に見分する。

エキゾーストマニホールドとシリンダヘッドの間に設置されている金属製のガスケットを見分すると、1、2番ポートのガスケットは、両面とも平滑で変色もなく、金属その物の光沢が残っているのに対し、3番ポートのものは、シリンダヘッド側は結合面が粗く、黒い煤が付着し一部腐食しているのが認められる（添付図3及び写真20参照）。

〔写真1～20、図1～3について、本書では省略します。〕

事例2 オートバイ火災①

・火災概要・

1 出火時刻・出火場所
　平成○○年○○月○○日（○）○○時頃、○○市内の○○自動車道下り○○キロポスト付近から発生

2 原　因
　大型自動二輪車が転倒した際に漏えいしたガソリンのベーパーに、大型自動二輪車と路面の接触によって発生した火花が引火

3 り災程度
　大型自動二輪車1台を焼損

4 関係者
　(1)　火元者……Y岡D男（○○歳）
　(2)　所有者……同　　上
　(3)　通報者……K山E男（○○歳）
　(4)　立会者……T村N男（○○歳）

・例示している火災調査書類・

- 火災調査書
- 火災原因判定書
- 実況見分調書（第1回）
- 実況見分調書（第2回）

平成〇〇年〇〇月〇〇日

火 災 調 査 書

所　　属　〇〇消防署
階級・氏名　消防〇〇　　〇〇　〇〇　㊞

覚知日時	平成〇〇年〇〇月〇〇日（〇）〇〇時〇〇分		覚知方法	警察電話
火災種別	車両火災	出火日時	平成〇〇年〇〇月〇〇日（〇）〇〇時〇〇分頃	
出火場所	〇〇市〇〇町〇〇丁目〇〇番地〇〇 〇〇自動車道下り〇〇キロポスト		用　　途	
建物名称等			業　　態	
事業所名			用途地域	第一種住居地域

火元	□占有者　□管理者　■所有者		
	住所	〇〇市〇〇区〇〇町〇〇丁目〇〇号	
	職業	〇〇〇	氏名　Y岡　D男（〇〇歳）

り災程度

（火元の状況）
　　大型自動二輪車（〇〇製〇〇〇〇〇、排気量750cc、車両登録番号〇〇△〇〇〇〇）1台焼損

（類焼の状況）
　なし

焼損棟数	全焼　　棟　半焼　　棟　部分焼　　棟　ぼや　　棟　合計　　棟			
焼損面積	床面積　　　㎡	損　害　額		〇〇千円
	表面積　　　㎡			
死傷者	死　者　　　　　人	り災人員等	り災世帯	世帯
	負傷者　　　　　人		り災人員	人

事例2　オートバイ火災①

気象	天候	風向	風速	気温	相対湿度	実効湿度	気象注意報等
	晴	南	1.8m/s	18.3℃	83.0%	75.0%	強風注意報

原因				
	出火箇所	（4070）外周部	経過	（26）引火する
	発火源	（4409）車両と路面との火花	着火物	（232）第一石油類

本火災は、〇〇自動車道下り線において、Y岡D男（〇〇歳）が所有運転する大型自動二輪車が単独で走行中に転倒し横滑りした際、キャブレターから燃料のガソリンが漏えいし、大型自動二輪車と路面の接触によって発生した火花がガソリンのベーパーに引火し出火したもの。

備考

火災原因判定書

表記の火災について、次のとおり判定します。
出火日時　**平成○○年○○月○○日（○）○○時○○分頃**
出火場所　**○○市○○区○○町○○丁目○○番地○○**
　　　　　　○○
火元者　職業・氏名　**○○○　　Ｙ岡　Ｄ男**
　　　　　　　　　　平成○○年○○月○○日
　　　　　　　　　　　　所　　属　**○○消防署**
　　　　　　　　　　　　階級・氏名　**消防○○　○○　○○　印**

発見状況	発見者　□占有者　□管理者　■所有者　□その他（　　　　） 住所　　○○市○○区○丁目○○番○○号 職業　　○○○　　　氏名　Ｙ岡　Ｄ男（○○歳） 　Ｙ岡Ｄ男（○○歳）は、自身の所有する自動二輪車（○○製○○○○○、750cc、○○△○○○○）（以下「バイク」という。）に乗り、○○自動車道（通称○○高速。以下「○○高速」という。）下り線を走行していたところ、○○料金所から約150メートル離れた場所付近で、バイクの後輪がスリップし、車体の右側を下にして転倒した後、すぐにキャブレター付近から炎が立ち上がる本火災を発見している（添付Ｙ岡Ｄ男の質問調書〔略〕参照）。
通報状況	通報者　□占有者　□管理者　□所有者　■その他（**高速道路維持管理員**） 住所　　○○市○○丁目○○番○○号 職業　　○○○　　　氏名　Ｋ山　Ｅ男（○○歳） 　Ｋ山Ｅ男（○○歳）は、朝○○時頃から○○高速下り線の○○料金所先において渋滞対策後尾警戒をしていたところ、目の前を通過したバイクがスリップして転倒した後にバイクから火が出たのを確認したため、Ｋ山の所有する携帯電話（○○○-○○○○-○○○○）で110番通報をしている（添付Ｋ山Ｅ男の質問調書〔略〕参照）。
出火前の状況	火元　□建物　■車両（自動二輪車）　□その他（　　　　　） 構造　□木造　□防火　□準耐（木）　□準耐（非木）　□耐火　□その他 用途　　　　　階数　　階　建築面積　　　　㎡　延べ面積　　　　㎡ **関係者の行動等** 　Ｙ岡は、本火災により焼損したバイクを1か月前に購入し、火災前日の○○月○○日にマフラーの交換とキャブレターの整備をして、火災当日の朝に燃料補給を行っている。 　また、火災当日の朝○○時過ぎに自宅を出発する際、バイクのキャブレターにガソリンのにじみがあることを確認しているものの、そのまま出発し走行した。 　○○高速道路を経由し、○○時○○分頃に○○高速○○料金所を通過し、友人と連絡を取るため、一時停車した後に○○方面へ向けて出発したところ、後輪が

火災原因判定書		
		スリップして車体の右側を下にして転倒したと供述している（添付Ｙ岡Ｄ男の質問調書〔略〕参照）。
	出火日時	出火日時　　平成〇〇年〇〇月〇〇日（〇）　〇〇時〇〇分頃 推定理由 １　Ｙ岡は、〇〇時〇〇分頃に〇〇料金所に到着し、一時停車してから友人に連絡をとり、その後出発したところ転倒し、ほぼ同時に火がついたと供述していること。 ２　通報者のＫ山は、〇〇高速下り線、〇〇料金所先の〇〇寄りにおいて渋滞対策後尾警戒中、目の前を通過したバイクがスリップして転倒し、炎が出たのを確認し、その後本人の所有する携帯電話で110番に通報しており、この通報時間は携帯電話の通話履歴で〇〇時〇〇分であること。 以上、関係者の一連の行動及び現場の状況から考察して、本火災の出火日時を〇〇時〇〇分頃と推定する。
	出火箇所	出火建物 出火階　　　　階　　出火室　　　　　出火箇所　　自動二輪車の外周部 判定理由 １　実況見分調書（第１回）に記載のとおり、本火災で焼損が認められるのは〇〇高速下り線〇〇キロポスト付近で横倒しになっていたバイクのみであること。 ２　実況見分調書（第１回）及び実況見分調書（第２回）に記載のとおり、バイクは全体に焼損が及んでおり、バイク中央に設置されたキャブレター付近の焼損が強く、バッテリー、レギュレーター、点火プラグ、電気コード等の配線に異状は認められず、エンジン本体やガソリンタンクにも大きな損傷、変形は認められないこと。 ３　Ｙ岡は、火災当日の朝、自宅の車庫からバイクを出したとき、キャブレターにガソリンのにじみがあったと供述していること。 ４　Ｙ岡及びＫ山は、バイクがスリップして転倒した後、キャブレター付近からすぐに炎が立ち上がったと供述していること。 以上の現場及び焼損車両の状況並びに関係者の供述から考察して、本火災の出火箇所はＹ岡の所有するバイクの外周部と判定する。
	出火原因判定の理由	１　焼損したバイクは中古品ではあるものの、キャブレター、エアクリーナー、排気管、バッテリーを新品に載せかえ１か月前に購入したもので、転倒する現場まで主に高速道路を走行しており、実況見分時もエンジン本体に大きな損傷、変形は認められなかったこと。メーカーからリコール情報は発表されていないこと。 　　以上のことから、エンジンの構造上の欠陥からの出火は考え難い。 ２　実況見分調書（第２回）に記載のとおり、バッテリー、レギュレーターに焼損は認められるものの、原型を保ち、変形や損傷は認められない。また、電気配線も焼損し、一部に断線が認められるものの、電気痕は認められない。

	以上のことから、電気系統からの出火は考え難い。
	3　実況見分調書（第2回）に記載のとおり、このバイクは一定の傾きを超えると燃料がフロートチャンバーからオーバーフローする構造であり、本火災においてもバイクが転倒したためにキャブレターのフロートチャンバーからガソリンが漏えいしたことが推察できる。 　漏えいしたガソリンは重力によって下方へ垂れるため、バイクが右側を下にして転倒した場合、バイク下部に位置する高温のマフラーに接触する可能性は低い。また、エンジンカバーに接触する可能性は考えられるが、一般的な〇〇〇ccのバイクのエンジンカバーの温度は走行中で〇〇〇℃ほど、停止後3分で〇〇〇℃ほどまで上昇するとされている。このことから、本火災で焼損したバイクの排気量がこれよりも大きな〇〇〇ccであることを勘案しても、エンジンカバーがガソリンの発火温度である〇〇〇℃ほどまで上昇していたとは考え難い。
	4　実況見分調書（第2回）に記載のとおり、ブレーキペダル及び右ステップは先端を上方に向けて曲がり、その先端は摩耗しており、転倒したバイクの〇〇料金所寄りの路面上には約1メートルにわたりえぐられた跡が認められることから、転倒したバイクのブレーキペダル及び右ステップ若しくはエンジンカバーと路面が接触したまま横滑りしたことにより接触面で火花が発生した可能性は十分に考えられる。 　以上のことから、バイクが転倒したことによりフロートチャンバー内からガソリンが漏えいし、バイクのブレーキペダル及び右ステップ若しくはエンジンカバーが路面と接触したまま滑ったことにより火花が発生して、ガソリンのベーパー（蒸気）に引火したことは十分に考えられる。
結論	本火災は、朝、〇〇自動車道下り線において、Y岡D男（〇〇歳）が所有運転するオートバイが単独で走行中、転倒したことによってキャブレターからガソリンが漏えいし、このベーパーにバイクと路面の接触によって発生した火花が引火し、出火したものと判定する。

解説　出火日時（出火時刻）を推定する際には、119番通報の覚知時刻を基に考察されることが多いと思いますが、本事例では110番通報を基に考察しています。
　出火時刻の推定は、何か根拠になる時刻から考察すればよいので、何を根拠と定めるのではなく、出火の状況ごとに考察する根拠を明確にすることが必要になります。

注意　本事例では、言い換えていた単語を結論の項で正式なものに戻しています。

実況見分調書(第1回)

　表記の火災について、関係者の承諾を得て、り災状況を明らかにするため次のとおり見分した。

　　　　　　　　　　平成〇〇年〇〇月〇〇日
　　　　　　　　　　　　　　　所　　　属　〇〇消防署
　　　　　　　　　　　　　　　階級・氏名　消防〇〇　〇〇　〇〇　印

日　　　　時	平成〇〇年〇〇月〇〇日　〇〇時〇〇分開始 平成〇〇年〇〇月〇〇日　〇〇時〇〇分終了
場所及び物件等	〇〇市〇〇区〇〇町〇〇丁目〇〇番地〇〇
立　会　人	Y岡　D男（〇〇歳）

1　現場の位置及び付近の状況
　⑴　現場の位置
　　　現場は、所轄〇〇消防署〇〇出張所から南南西方へ直線距離約〇〇〇メートル、〇〇保育園から東北東方へ直線距離約〇〇〇メートルに位置する〇〇自動車道(以下「〇〇高速」という。)下り〇キロポスト付近である。
　　　付近一帯は、南北に延びる〇〇高速を中心に、専用住宅及び共同住宅が混在する地域であり、都市計画法による用途地域は第1種住居地域で、準防火地域に指定されているが、現場は〇〇高速上なので指定はない。
　　　消防水利は、現場を中心として半径100メートル以内に私設消火栓、公設防火水槽が各々1基あるものの、現場は、〇〇高速下り車線上であるため、水利状況は悪い(添付図1参照)。
　⑵　現場付近の状況
　　　焼損車両の北側は約〇〇〇メートル離れて、〇〇高速〇〇料金所があり、南側は〇メートル離れて高さ〇メートルのバリロードを介し、〇〇メートル離れて、〇〇のバス停留所があり、その南側は防音壁となっている。
　　　西側は〇〇高速下り車線が〇〇方面へ続いており、北側は〇〇高速上り車線となっている(添付図2参照)。
2　現場の模様
　⑴　現場の状況
　　　焼損車両は大型自動二輪車(以下「バイク」という。)である。
　　　ここでバイクを見分するにあたり、進行方向に向かって前後左右とし、バイク所有者のY岡D男(〇〇歳)を立会人として見分を進める。
　　　バイクは、〇〇高速下り車線〇キロポスト付近の本線上で前輪を東側にある〇〇料金所に向け、左側面を上にして横倒しになっている。
　　　バイク後部に取り付けられている車両登録番号を確認すると、「〇〇△1234」

で、車両の大きさを測定すると全長〇メートル、全幅〇メートル、全高〇メートルであり、〇〇製、排気量〇〇〇cc、名称〇〇というバイクである。

　バイク周囲の高速道路上を見分すると、黒い固着物が認められるほか、消火薬剤の粉が飛散しているのが確認できる（添付図2、3（P.205）及び写真1（P.206）参照）。

(2)　バイクの状況

　倒れているバイクの北側に立ち見分すると、バイクの前後輪のタイヤは、前輪のエンジン寄りで溶融が認められるが、タイヤ全体に焼けは認められない。

　中央付近に位置する3本のエキゾーストパイプは、茶褐色及び黒色に変色しており、付近には、オレンジ色の合成樹脂製の破片が認められる（添付写真2（P.206）参照）。

　次に、バイクの南側に立ち車両左側面部を見分すると、フロントフェンダーのエンジン寄りは塗装がはく離し下地が露出しており、左側のフロントフォーク中央部から左ハンドルのグリップにかけて焼損している。

　燃料タンクは、フロントフォーク寄りで焼損し下地が露出している。

　続いて、燃料コックを見分すると、燃料コックからガソリンの流出が認められ、残量は確認できないものの、タンク内に燃料のガソリンが残存していることが確認できる。

　次に、シート部分を見分すると、シート材は焼失して金属製の台座のみが残存し、この台座は全体が灰白色に変色している。

　続いて、フレーム部分を見分すると、フロントフレームは全体が煤けており、シートフレームは、全体が灰白色に変色している。

　次に、オルタネーターを見分すると、オルタネーターのカバーは溶融し、部分的に内部が認められるほど変形している。

　オルタネーターの後方に位置しているエンジンカバーは、全体が黒く焼け、中央部は凹んでいる。

　続いて、クランクケースを見分すると、クランクケースはキャブレター側が焼損しており、下側で溶融物が固まっているのが認められる（添付写真3（P.206）参照）。

　次に、バイクを起こし東側からバイクの前面及び右側面を見分する。

　まず、バイクの前面を見分すると、ヘッドライト及びヘッドライトの上方に位置しているメーター類は黒く焼け焦げている。

　続いて、右フロントフォークと右ハンドグリップを見分すると、メーター類と同様に黒く焼け焦げている。

　ハンドグリップから延びる配線は、心線が露出しているものの断線箇所は認められない。

　次に、フロントフェンダーを見分すると、フロントフェンダーはエンジン寄りが焼損しているものの、前側に焼損は認められない。

　燃料タンクの右側面は焼損しているものの、一部塗装が残っている。

　ここで、燃料タンクのキャップを開けて内部を見分すると、ガソリンの臭気と

> 底部に液体が認められるが、その量は確認できない。
> 　次に、エンジン部から延びるキックスターターレバー及びブレーキペダルを見分すると、焼損は認められないが、変形しているのが認められる。
> 　続いて、エンジンの後方を見分すると、キャブレター周囲に溶融物が固着しているのが認められる（添付写真4（P.207）参照）。
> 　次に、バイクの後方を見分すると、テールランプ、ナンバープレートに若干の汚れは認められるものの、焼損は認められない。
> 　バイクを移動し、バイクが倒れていたアスファルトの路面上を見分するも焼損、変色は認められないが、バイクの位置から北東方に向かって、アスファルトの表面に細い溝状の跡が約1メートルにわたり認められる。
> 　ここで、現場が高速道路上であり、詳細な見分に危険が伴うことから、焼損しているバイクを安全な場所に移送させることとする。

〔図1、2について、本書では省略します。〕

解説　現場の模様（現場付近の状況）の項は、実況見分を実施する対象物（建物、車両、その他の工作物等）の周囲の状況（隣接建物との距離、構造、延焼危険等）が分かるように説明しますので、火災の現場により分かりやすいように記載します。

　同じ自動二輪車の火災でも本事例と次の事例では違いますので、これらを参考にして作成してください。

状況図

図3

単位＝メートル

解説 本事例では、写真に説明を加えたものを「図」としている。

事例2　オートバイ火災①

写真1	写真説明
撮影日	平成〇〇年〇〇月〇〇日
撮影者（所属・階級・氏名）	〇〇消防署 消防〇〇　〇〇〇〇
撮影位置	バイクの状況

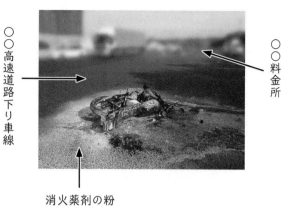

〇〇高速道路下り車線　〇〇料金所　消火薬剤の粉

写真2	写真説明
撮影日	平成〇〇年〇〇月〇〇日
撮影者（所属・階級・氏名）	〇〇消防署 消防〇〇　〇〇〇〇
撮影位置	バイクの状況

ウィンカーの破片　エキゾーストパイプ

写真3	写真説明
撮影日	平成〇〇年〇〇月〇〇日
撮影者（所属・階級・氏名）	〇〇消防署 消防〇〇　〇〇〇〇
撮影位置	バイクの状況

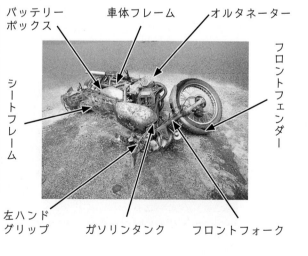

バッテリーボックス　車体フレーム　オルタネーター　シートフレーム　フロントフェンダー　左ハンドグリップ　ガソリンタンク　フロントフォーク

実況見分調書

第2章　車両火災の火災調査書類

写真4	写真説明
撮影日	平成〇〇年〇〇月〇〇日
撮影者 （所属・ 階級・氏名）	〇〇消防署 消防〇〇　〇〇〇〇
撮影位置	バイクの状況

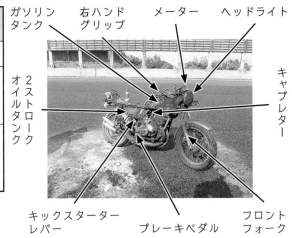

写真5	写真説明
撮影日	平成〇〇年〇〇月〇〇日
撮影者 （所属・ 階級・氏名）	〇〇消防署 消防〇〇　〇〇〇〇
撮影位置	道路の状況

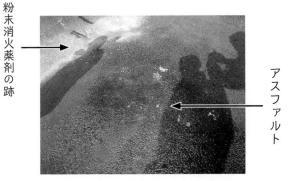

実況見分調書（第2回）

　表記の火災について、関係者の承諾を得て、り災状況を明らかにするため次のとおり見分した。

　　　　　　　　　平成〇〇年〇〇月〇〇日
　　　　　　　　　　　　　所　　　属　　〇〇消防署
　　　　　　　　　　　　　階級・氏名　　消防〇〇　〇〇　〇〇　印

日　　　時	平成〇〇年〇〇月〇〇日　〇〇時〇〇分開始 平成〇〇年〇〇月〇〇日　〇〇時〇〇分終了
場所及び物件等	〇〇市〇〇区〇〇町〇〇丁目〇〇番地〇〇
立　会　人	Y岡　D男（〇〇歳）　　T村　N男（〇〇歳）

1　現場の位置及び付近の状況
　　第1回実況見分において焼損が認められた大型自動二輪車（以下「バイク」という。）を〇〇市〇〇丁目〇〇番地〇〇に所在する自動二輪車の販売、修理の有限会社〇〇の駐車場に移送し、有限会社〇〇の取締役T村N男及びバイクの所有者Y岡D男を立会人として実況見分を行う。
　　なお、移送に際して、安全管理上燃料タンク内の燃料約〇リットルは抜き取っている。
　　また、見分の便宜上バイクの部位を進行方向に向かい前後左右として見分を進める。
2　バイク上部の状況
　　バイクの燃料タンクを取り外し、シート部分の台座を持ち上げて見分すると、台座の下にはレギュレーターが横並びに3個置かれており、レギュレーターは焼損しているものの、特筆すべき損傷は認められない。また、台座の下にある配線を見ると、一部が断線し緑青が認められるものの、電気痕は認められない（添付写真1、2（P.212）参照）。
3　バイク左側の状況
　　立会人Y岡にバッテリーの位置について説明を求めると、「バッテリーは左側のシート下のカバーの中にあります」と説明する。このことから、金属製のカバーを取り外しバッテリーを見分すると、バッテリー本体は焼損が認められるものの原形を保っており、接続されている2本の配線は焼損があるものの断線はなく、端子は正常に接続されている（添付写真3（P.212）、4（P.213）参照）。
　　次に、燃料タンク下部左側後方にある燃料コック部分を見分すると、燃料コック下部から下方へ向かって三つ又のノズルが設置されている。ここで立会人T村にガソリンの供給について説明を求めると、「三つ又のそれぞれのノズルからゴム製の配管で3気筒エンジンのキャブレターにガソリンが供給される構造ですが、ゴム製の配管が

見当たりません」と説明するので、本職が、T村の説明に基づき赤色針金モールを用いてガソリンがキャブレターに供給されるまでの配管系統を復元する（添付写真3（P.212）、5（P.213）参照）。

4　バイク右側の状況

　立会人T村に2ストロークオイルタンク（以下「オイルタンク」という。）の位置について説明を求めると、「オイルタンクは右側シート下の金属製カバーの中にあり、合成樹脂製で容量は1.2リットルです」と説明する。

　そこで、この金属製のカバーを取り外しオイルタンクを見分すると、合成樹脂製のオイルタンクは溶融し、金属製カバーの内部に固着しており、内容物のオイルは認められない（添付写真6（P.213）、7（P.214）参照）。

　続いて、2ストロークオイルの配管についてT村に説明を求めると、「2ストロークオイルの配管は全てゴム製で、オイルタンクからシリンダーヘッドカバー後方にある2次タンクを経由して3系統あるエンジンに供給されます」と説明する。ここで、本職は、T村の説明に基づき緑色の針金モールを用いて2ストロークオイルの配管系統を復元する。

　次に、2ストロークオイルの2次タンクを見分すると、タンクは損傷し摩耗が認められるものの、オイルの漏えいは認められない（添付写真8（P.214）参照）。

　次に、シリンダーヘッドカバーを見分すると、3本ある点火プラグの配線は、いずれも配線被覆が溶融し心線が露出しているものの断線は認められない。

　続いて、3本の点火プラグを順に取り外し見分するも各点火プラグに焼損や変形は認められない（添付写真9（P.214）参照）。

5　キャブレターの状況

　シリンダーヘッドカバー後方で金属物が中央付近で座屈し、その溶融物がクランクケース上方で固着していることから、この部分について立会人T村に説明を求めると、「ここはキャブレターが設置されている所です」とのことである。

　そこで、このキャブレターを見分すると、そのほとんどが原形をとどめず溶融し、お互いに固着しているため、このキャブレターとつながっているアクセルワイヤーを切断して取り外し、詳細に見分を進める（添付写真9（P.214）参照）。

　まず、キャブレターを取り除きシリンダーヘッドカバーに3系統ある吸入口を見分すると、炭化したゴムが付着しているのが認められる（添付写真10（P.215）参照）。

　次に、車体から取り外したキャブレターを見分すると、キャブレターは溶融して固着し、2つの塊になった状態である。

　ここで本職は立会人T村に確認しながら、バイクが焼損する前のキャブレターの取付状況を確認し、キャブレターを緑色のビニルシート上に移して詳細に見分を進める。

　まず、3系統のため3個あるキャブレターはそれぞれエンジンの吸入口側と接続されているため、左側のキャブレターを「1」、中央のキャブレターを「2」、右側のキャブレターを「3」として見分を進める。

⑴　「1」及び「2」のキャブレターについて

「1」及び「2」のキャブレターは全体に溶融変形して原形をとどめず、色は黒、灰色、しんちゅう色が混在しており、後方の左寄りに円形の締め付け金具が認められる（添付写真11（P.215）参照）。
(2)　「3」のキャブレターについて
　「3」のキャブレターは「1」及び「2」のキャブレターよりも原形を残しているものの全体が溶融し変形しており、内部にはアクセルワイヤーに接続されているバネ及びスロットルバルブが確認でき、これらのスロットルバルブなどの部品に焼損は認められない（添付写真11（P.215）参照）。

状況図

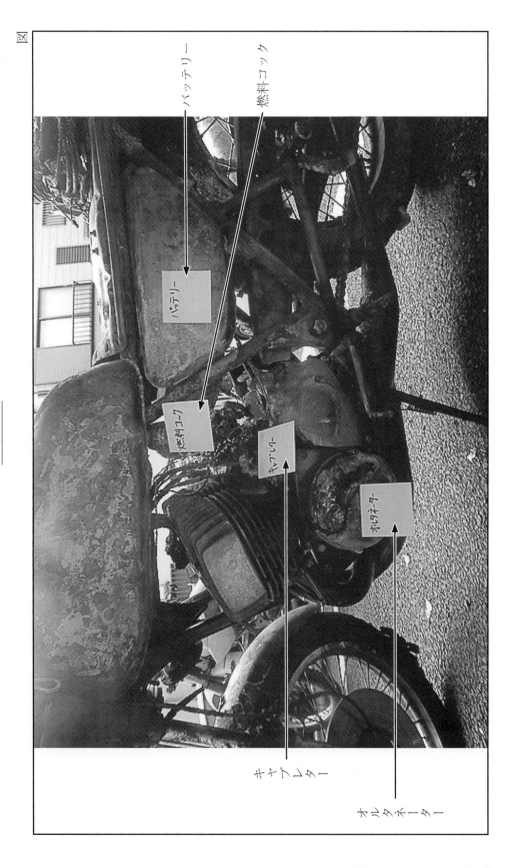

事例2　オートバイ火災①

実況見分調書

写真1	写真説明	
撮影日	平成〇〇年〇〇月〇〇日	
撮影者 (所属・ 階級・氏名)	〇〇消防署 消防〇〇　〇〇〇〇	
撮影位置	バイクの状況	

写真2	写真説明	
撮影日	平成〇〇年〇〇月〇〇日	
撮影者 (所属・ 階級・氏名)	〇〇消防署 消防〇〇　〇〇〇〇	
撮影位置	バイク上部の状況	

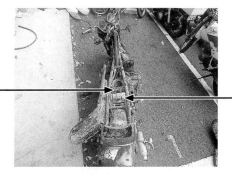

電気配線 ←　→ レギュレーター

写真3	写真説明	
撮影日	平成〇〇年〇〇月〇〇日	
撮影者 (所属・ 階級・氏名)	〇〇消防署 消防〇〇　〇〇〇〇	
撮影位置	バイク左側の状況	

写真4	写真説明
撮影日	平成〇〇年〇〇月〇〇日
撮影者 （所属・ 階級・氏名）	〇〇消防署 消防〇〇　〇〇〇〇
撮影位置	バッテリーの状況

写真5	写真説明
撮影日	平成〇〇年〇〇月〇〇日
撮影者 （所属・ 階級・氏名）	〇〇消防署 消防〇〇　〇〇〇〇
撮影位置	キャブレターの状況

写真6	写真説明
撮影日	平成〇〇年〇〇月〇〇日
撮影者 （所属・ 階級・氏名）	〇〇消防署 消防〇〇　〇〇〇〇
撮影位置	バイク右側の状況

写真7	写真説明
撮影日	平成〇〇年〇〇月〇〇日
撮影者 （所属・ 階級・氏名）	〇〇消防署 消防〇〇　〇〇〇〇
撮影位置	オイルタンクの状況

2ストロークオイルタンク

写真8	写真説明
撮影日	平成〇〇年〇〇月〇〇日
撮影者 （所属・ 階級・氏名）	〇〇消防署 消防〇〇　〇〇〇〇
撮影位置	オイルタンクの状況

2ストロークオイルタンク　シリンダーヘッドカバー

2ストロークオイルの2次タンク

写真9	写真説明
撮影日	平成〇〇年〇〇月〇〇日
撮影者 （所属・ 階級・氏名）	〇〇消防署 消防〇〇　〇〇〇〇
撮影位置	シリンダーヘッドカバーの状況

点火プラグ及び配線

アクセルワイヤー　シリンダーヘッドカバー

キャブレター

写真10	写真説明
撮影日	平成〇〇年〇〇月〇〇日
撮影者（所属・階級・氏名）	〇〇消防署 消防〇〇　〇〇〇〇
撮影位置	吸入口の状況

写真11	写真説明
撮影日	平成〇〇年〇〇月〇〇日
撮影者（所属・階級・氏名）	〇〇消防署 消防〇〇　〇〇〇〇
撮影位置	キャブレターの状況

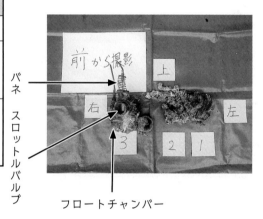

解説 本事例では、付箋に部品の名称等を記入し、それを貼付して写真撮影しています。

事例 3 オートバイ火災②

・火災概要・

1　出火時刻・出火場所
　　平成○○年○○月○○日（○）○○時頃、○○市内の○○○事務所付近の公道上から発生

2　原　　因
　　ウエス類が二輪車のエキゾーストマニホールド上に落下して出火

3　り災程度
　　普通自動二輪車1台及びウエス類各若干焼損

4　関係者
　　(1)　火元者……H沢K男（○○歳）
　　(2)　所有者……同　　　上
　　(3)　通報者……同　　　上
　　(4)　立会者……S藤T男（○○歳）

・例示している火災調査書類・

・　火災原因判定書
・　実況見分調書（第1回）
・　実況見分調書（第2回）

火災原因判定書

表記の火災について、次のとおり判定します。
出火日時　平成〇〇年〇〇月〇〇日（〇）〇〇時〇〇分頃
出火場所　〇〇市〇〇区〇〇町〇〇丁目〇〇番地〇〇
　　　　　〇〇
火 元 者　職業・氏名　〇〇〇　H沢　K男
　　　　　　　　　　　平成〇〇年〇〇月〇〇日
　　　　　　　　　　　　　　　　所　　　属　〇〇消防署
　　　　　　　　　　　　　　　　階級・氏名　消防〇〇　〇〇　〇〇　印

発見状況	発見者　□占有者　□管理者　■所有者　□その他（　　　　　） 住所　　〇〇市〇〇区〇〇町〇〇丁目〇〇番地〇〇 職業　　〇〇〇　　　氏名　H沢　K男（〇〇歳） 　H沢　K男（〇〇歳）は、普通自動二輪車（以下「二輪車」という。）に1人で乗り、〇〇市の友人宅に向かっていたところ、途中で信号待ちをしていた際、二輪車の左下（進行方向を見て前後左右とする。以下同じ。）から白煙が出てきたので、同箇所を見ていると、炎が約〇〇センチメートル立ち上がる本火災を発見した。
通報状況	通報者　□占有者　□管理者　■所有者　□その他（　　　　　） 住所　　〇〇市〇〇区〇〇町〇〇丁目〇〇番地〇〇 職業　　〇〇〇　　　氏名　H沢　K男（〇〇歳） 　H沢は、本火災を発見後、二輪車のエンジンを切って停車させ、手で炎をあおいで消そうとしたが消えなかったことから、通行人の女性に水を掛けるように依頼するとともに、自身の携帯電話（〇〇〇-〇〇〇〇-〇〇〇〇）で110番通報しており、本通報を受けた〇〇県警察本部が〇〇消防本部に本通報について連絡している。
出火前の状況	火元　□建物　■車両（普通自動二輪車）　□その他（　　　　　） 構造　□木造　□防火　□準耐（木）　□準耐（非木）　□耐火　□その他 (1)　二輪車について 　　焼損した二輪車は、〇〇社製、〇〇年式〇〇〇、排気量〇〇〇cc、車両登録番号、〇〇△〇〇〇〇、車体番号〇〇〇-〇〇〇〇〇であり、平成〇〇年〇〇月〇〇日に、H沢が走行距離〇〇〇〇キロメートルのものを中古で購入している。 (2)　二輪車の点検状況 　　購入後は特に点検を実施していなかったが、出火前日の平成〇〇年〇〇月〇〇日に二輪車を購入した〇〇市に所在する〇〇店でエンジンの回転数の調整を行っている。

火災原因判定書

	(3) 出火当日の行動 　　出火当日、H沢は〇〇時〇〇分頃、二輪車に1人で乗り友人宅に向かい自宅を出発し、約〇〇キロメートル走行した〇〇時〇〇分頃、信号待ちで停車していたところで本火災を発見している。
出火日時	出火日時　　平成〇〇年〇〇月〇〇日（〇）　〇〇時〇〇分頃 推定理由 　　H沢は、前記発見状況及び通報状況に記載のとおり、二輪車で信号待ちをしていた際、二輪車から炎が立ち上がるのを認め、二輪車を停車させ、手であおぐ消火活動を試みた後、携帯電話で110番通報をしており、通報を受けた〇〇県警察本部からの連絡を〇〇時〇〇分に受信していることと、二輪車の焼損状況から考察して、本火災の出火時刻は、県警察本部からの連絡の〇分前の〇〇時〇〇分頃と推定する。
出火箇所	判定理由 　　実況見分調書第1回及び第2回に記載のとおり、焼損が認められるのは、二輪車の左側に位置しているエキゾーストマニホールドとその上部のアンダーカウル及び公道上の2か所であること。 　　また、H沢は二輪車走行中の信号待ちの際に、二輪車の左下から白煙と炎を認めていること。 　　以上のことから、本火災の出火箇所を二輪車のエキゾーストマニホールド付近と判定する。
出火原因判定の理由	本火災は走行中の二輪車が信号待ちの間に出火していることと、焼損が認められるのは、二輪車のエキゾーストマニホールド、アンダーカウル、繊維状のもの及び合成樹脂の溶融物であること。さらに、消火後の二輪車は実況見分調書第2回に記載のとおり、電気系統の異常もなく、エンジンも始動することから、エキゾーストマニホールドに起因する出火について検討する。 (1) 二輪車は約〇〇キロメートル走行し信号待ちしている際に出火したことから、エキゾーストマニホールドは約〇〇〇℃になっていたと考察できること。 (2) エキゾーストマニホールドと出火場所の公道上に繊維状のものが認められ、これらを鑑定した結果、いずれも綿を主成分としたナイロン系ポリアミドを含む合成繊維であることが確認できたことから、同一のものである可能性がある。 　　また、いずれも焼損していることもあり、発火点の特定には至らなかったが、一般的な合成繊維の発火温度は〇〇〇℃から〇〇〇℃であること。 (3) 焼損していた合成繊維は「ウエス」類の可能性があり、当該二輪車はフルカウルの状態で、二輪車本体とカウルの間に置き忘れるか、間に落ちてしまうと外観上は気が付かない状況になり、そのまま走行し、走行中にエキゾーストマニホールド上に落ちることは考察できる。 　　このウエス類は出火前日に二輪車を整備した際に置き忘れるなどしたものか、それ以前からあったものかは特定できないが、所有者で当日乗っていたH

沢は、出火後の行動からも故意にウエス類を置いたことは考えられない。
　　また、前日整備をしたS藤（〇〇歳）は、火災に至る前にウエス類が見つけられる可能性もあり、なにも得ることがないことと、置いたウエス類がエキゾーストマニホールド上に落下して火災に至ることは想定できないことから、故意にウエス類を置いたとは考えにくい。
　　一方、S藤はウエス類を置き忘れていないと供述しているものの、ウエス類の在庫管理をしているわけではなく、うっかり置き忘れる可能性は否定できないこと。
⑷　公道上の合成樹脂の溶融物はアンダーカウルの溶融物であると考察できること。
　以上のことから、H沢が二輪車で走行中、置かれた時期は特定できないものの、二輪車本体とカウルの間に置かれていたウエス類が、走行中の振動などによりエキゾーストマニホールド上に落下し出火した可能性は十分に考えられる。

結論	本火災は、H沢K男（〇〇歳）が普通自動二輪車（〇〇社製、〇〇〇cc、車両登録番号〇〇△〇〇〇〇）で走行中、何らかの原因で車体とカウルの間に置かれていたウエス類が、走行中の振動などによりエキゾーストマニホールド上に落下し出火したものと判定する。

実況見分調書(第1回)

　表記の火災について、関係者の承諾を得て、り災状況を明らかにするため次のとおり見分した。

　　　　　　　　　　　平成○○年○○月○○日
　　　　　　　　　　　　　　所　　　属　　○○消防署
　　　　　　　　　　　　　　階級・氏名　　消防○○　○○　○○　㊞

日　　　時	平成○○年○○月○○日　○○時○○分開始 平成○○年○○月○○日　○○時○○分終了
場所及び物件等	○○市○○区○○町○○丁目○○番地○○
立　会　人	H沢　K男（○○歳）

1　現場の位置及び付近の状況
　⑴　現場の位置
　　　現場は所轄○○消防署から○○方へ直線距離○○○メートル、○○県○○○事務所から○○へ直線距離○○○メートルに位置する公道上である。
　　　付近一帯は、防火構造の共同住宅や専用住宅が混在しており、都市計画法による用途地域は、第2種中高層住居専用地域で準防火地域に指定されている。
　⑵　現場付近の状況
　　　以下の見分は見分の便宜上北東を北として見分する。
　　　現場は、東西に延びる付近○メートルの公道上で、焼損して停車している普通自動二輪車（以下「二輪車」という。）を中心として、北側は高さ○メートルの金網フェンスを介し、○メートル離れて防火構造建築物2階建の事務所、東側と西側は公道となっている。南側は高さ○メートルのアルミフェンスを介し、○メートル離れて防火構造建築物2階建の共同住宅となっている。

2　現場の模様
　⑴　二輪車の状況
　　　焼損している二輪車は、西方向を進行方向にして公道上に停車している。
　　　見分の便宜上、二輪車の見分は進行方向を向き前後左右として見分する。
　　　二輪車を一巡して見分すると、二輪車は、カウルで車体全体が覆われているフルカウルの形状で、後部に取り付けてあるナンバープレートから、車両登録番号「○○△○○○○」が確認できる。
　　　続いて、右側のフロントフォークを見分すると、「○○○—○○○○○」と車体番号が刻印されているのが認められる。
　　　次に、二輪車のハンドル中央に取り付けられているメーター類を見分すると、メーター類に焼損は無く、スピードメーターの積算距離は○○，○○○となっており、区間距離は○○となっている。

続いて、燃料タンクを見分すると、タンク本体に変形や焼損は無く、さらに、燃料キャップを取り外してタンク内を見分すると、燃料は、キャップの位置から約２センチの位置まで、ほぼ満タンの状態であることが認められる。

(2)　焼損状況

　二輪車の外周部を一巡しながら焼損状況を見分すると、焼損が認められるのは車両の左側のみである。

　そこで、二輪車の左側を詳細に見分すると、左側のサイドカウルが煤けているほか、その下のアンダーカウルが焼損し溶融してフレームとエキゾーストマニホールドが露出しており、いずれも煤が付着しているほか、黒色に変色しているのが認められる。

　続いて、エキゾーストマニホールドを詳細に見分すると、クランクケースの下付近が一部白色に変色しており、焼損している繊維状のものが２か所に付着していることから、この繊維状の焼損物の大きさを測定すると、いずれも約１センチメートル四方である。

(3)　路面の状況

　二輪車を移動させて路面を見分するも、焼損物件等は認められない。

　ここで、立会人のＨ沢に二輪車の移動について説明を求めると、「二輪車が燃えたときに止めて、通行人が水を掛けて火を消した後で、この位置に移動しました」との説明を受ける。

　そこで、二輪車を移動する前の位置に戻して見分すると、路面の２か所に焼損箇所が認められるので、付図に示すとおり焼損箇所①、②として見分を進める。

　焼損箇所①は、北西側に位置している電柱番号〇〇番の電柱から南東方へ〇メートル、北側の金網フェンスから〇メートルの位置で、長辺が〇〇センチメートル、短辺が〇センチメートルのほぼ長方形をしている繊維状の焼損物で、元の色や形状は判断できない。

　焼損物件を取り除き路面を見分すると、路面が若干黒く焼け焦げているのが認められる。

　焼損箇所②は、①から西方へ〇〇センチメートルの位置で、長辺が〇〇センチメートル、短辺が〇センチメートル、高さが最大で〇センチメートルの立方体状に合成樹脂の溶融物が路面に固着している。

　この溶融物を取り除くと、溶融物の形状と同形に路面が黒く焼け焦げているのが認められる。

　次に、①、②の焼損物を元に戻し、二輪車も出火当時の場所に停車させると、①はエキゾーストマニホールドの下付近で、②はアンダーカウルが焼損している箇所の下と一致する。

　以降はアンダーカウルを取り外し詳細に見分する必要があるため、公道上での見分を終了し、二輪車を保管して場所を移動して見分することとする。

〔図について、本書では省略します。〕

実況見分調書（第2回）

　表記の火災について、関係者の承諾を得て、り災状況を明らかにするため次のとおり見分した。

　　　　　　　　　　　平成〇〇年〇〇月〇〇日
　　　　　　　　　　　　　　所　　　属　〇〇消防署
　　　　　　　　　　　　　　階級・氏名　消防〇〇　〇〇　〇〇　㊞

日　　　時	平成〇〇年〇〇月〇〇日　〇〇時〇〇分開始 平成〇〇年〇〇月〇〇日　〇〇時〇〇分終了
場所及び物件等	〇〇市〇〇区〇〇町〇〇丁目〇〇番地〇〇
立　会　人	H沢　K男（〇〇歳）　　S藤　T男（〇〇歳）

　第1回実況見分で保管した普通自動二輪車（以下「二輪車」という。）を〇〇市〇〇区〇〇町〇丁目〇番地〇号に所在する株式会社〇〇〇（以下「〇〇〇」という。）において、二輪車を当日運転していたH沢と〇〇〇のS藤の立会いにより見分を行う。

1　二輪車の状況

　〇〇〇の整備工場内に二輪車を駐車させ見分を進めるが、見分の便宜上、二輪車の進行方向を向き前後左右として見分する。

　まず、後部のナンバープレートとフロントフォークの刻印から二輪車が第1回実況見分で焼損が認められた車両であることを確認する。

　続いて、二輪車本体を見分するため、S藤の協力により二輪車に装着されているカウルを全て取り外す。

　次に、外観上のオイルの漏えいや燃料の漏えいの有無について見分するも、オイル及び燃料の漏えいは認められない。

　次に、エンジンオイルの量をオイルレベルゲージで確認すると、規定の量であることが認められる。

　次に、シート下部に位置しているバッテリーを見分すると、バッテリーには「〇V、〇Ah」と記載されており、バッテリー端子に緩みはなく、各配線に異常は認められない。

　ここで、二輪車の通電状況を確認するため、鍵を差し込み、イグニッションスイッチを「オン」にすると、ライト、ウインカー、メーターパネルの表示等も全て点灯することから、さらにセルを回すと、エンジンは始動する。

2　焼損状況

　カウルを全て取り外し、詳細に焼損状況を見分するも、第1回実況見分で認められた、左側に位置しているエキゾーストマニホールドが焼損しているほかは、カウルに覆われて見分できなかった箇所では、エキゾーストマニホールドの上方にあたるエンジンの外周と付近のフレームが黒く煤けているのみである。

その他の火災の火災調査書類

ごみ置場の放火火災

・火災概要・

1　出火時刻・出火場所
　　平成○○年○○月○○日（○）○○時頃、○○市内の○○マンションのごみ置場から発生
2　原　因
　　ライターによる新聞紙への放火
3　り災程度
　　ごみ置場内の新聞紙を焼損
4　関係者
　(1)　通報者……U井T子（○○歳）
　(2)　住　人……H村T男（○○歳）
　　　　　　……H村A男（○○歳）　長男

・例示している火災調査書類・

・　火災原因判定書
・　質問調書（第1回）
・　質問調書（第2回）

※　本火災事例は、火災種別が建物となりますが、ごみ置場の事例として「その他の火災」の中で説明しています。

火災原因判定書

火災原因判定書

表記の火災について、次のとおり判定します。
出火日時　平成〇〇年〇〇月〇〇日（〇）〇〇時〇〇分頃
出火場所　〇〇市〇〇区〇〇丁目〇〇番〇〇号
　　　　　〇〇
火元者　職業・氏名　〇〇〇　　Ｉ田　Ｅ夫
　　　　平成〇〇年〇〇月〇〇日
　　　　　　　　　　所　　　属　〇〇消防署
　　　　　　　　　　階級・氏名　消防〇〇　〇〇　〇〇　印

1　発見状況
　〇〇マンション〇〇〇号室に居住するＵ井Ｔ子（〇〇歳）は、洗濯物を干すためにベランダへ出た際、物が燃えているような異臭に気付き周囲を見渡して、マンション敷地内のごみ置場の扉の隙間から白煙が出ている本火災を発見した。

2　通報状況
　Ｕ井Ｔ子は、火災を発見後、夫のＳ男（〇〇歳）と一緒にごみ置場へ駆けつけ、Ｓ男が消火器等で初期消火活動を実施した後、付近を通りかかった同マンション〇〇〇号室に居住するＨ内Ｙ子の携帯電話を借り、119番通報を実施した。

3　出火前の状況
　出火したごみ置場は、平成〇〇年〇〇月、〇〇マンション敷地内の北西の一角に居住者専用のごみ置場として建築された〇〇建築物平屋建、建築面積〇〇平方メートルで、出火当時は、ポリ容器及びビニール袋に入れられていたごみのほか、段ボールや束ねた新聞紙が置かれていた。
　ごみ置場の南側と西側には扉が設けられており、ごみの出し入れ時以外は施錠することになっているが、出火当時は南側の扉は施錠されず、約〇〇センチメートル開いていた。

4　出火時刻
　Ｕ井Ｔ子は、通報状況の項に記載のとおり、2階のベランダでごみ置場から白煙が出ているのを発見し、夫のＳ男と共に現場に駆けつけ、Ｓ男と協力して初期消火活動をした後、付近を通りかかった同マンション〇〇〇号室に居住するＨ内Ｙ子の携帯電話を借り、119番通報をしており、この通報を〇〇消防本部〇〇指令センターが〇〇時〇〇分に覚知している。
　以上の通報までの関係者の行動及び現場の模様から考察して、本火災の出火時刻を覚知時刻の〇分前、〇〇時〇〇分頃と推定する。

5　出火箇所
　出火階　1階　　　出火箇所　ごみ置場
　判定理由

実況見分調書〔略〕に記載のとおり、ごみ置場内で焼損しているのは、東側のごみ袋に入れられたごみ類と西寄りの束ねた新聞紙で、その間は約3メートル離れているが、焼損程度は西寄りの束ねた新聞紙の方が大きいこと。
　発見者のU井T子は、ごみ置場の南側の扉を開放したところ、扉を挟んだ左側（西側）と右側（東側）で炎が上がっていたと供述していること。
　○○マンション○○○号室に居住する会社員H村T男（○○歳）は、添付質問調書で長男A男（○○歳　中学○年生）がごみ置場内の左側（西側）の新聞紙の束にライターで火をつけた後、右側（東側）のごみと一緒に捨ててあった新聞紙に火をつけたと供述していること。
　以上の焼損状況及びU井T子とH村T男の供述から考察して、本火災の出火箇所は、H村の長男A男が最初に火をつけた焼損程度の大きいごみ置場内の西寄りに置かれた束ねた新聞紙と判定する。

6　出火原因判定の理由
⑴　ごみ置場内には、天井面の蛍光灯以外電気コンセントなどの電気設備はなく、蛍光灯の周囲に焼損が認められないことから、電気関係からの出火は否定できる。
⑵　実況見分調書（第1回）〔略〕に記載のとおり、焼損箇所の周囲にたばこの吸い殻が認められないことと、微小火源では束ねた新聞紙に着火しにくいことから、たばこによる出火は考えにくい。
⑶　出火したごみ置場には、火源となるものがないことと、約3メートル離れた2か所が同時に燃えていたことから、ライター等の有炎火による放火の可能性が考えられること。
⑷　H村T男は、添付質問調書に記載のとおり、所轄○○警察署で事情聴取を受け、その後、当該共同住宅の管理人室で、出火当時のごみ置場を撮影した防犯カメラの映像に長男のA男が映っているのを見せられたことから、長男に確認したところ、「母親に叱られたので、驚かすために隠し持っていたライターを使い、ごみ置場内の新聞紙等に火をつけた」と説明があった旨の供述をしていること。

7　結論
　本火災は、共同住宅○○マンションに居住するH村T男（○○歳）の長男A男（○○歳　中学○年生）が、前日、母親に叱られたことから、驚かすつもりで、ごみ出しの際、隠し持っていたライターを使い、ごみ置場内に置かれていた束ねた新聞紙と、ごみと一緒に捨てられていた新聞紙に連続して放火したものと判定する。

<h1>質 問 調 書（第1回）</h1>

平成〇〇年〇〇月〇〇日（〇）〇〇時〇〇分頃、〇〇市〇〇区〇〇丁目〇〇番〇〇号で発生した火災について、次の関係者に質問したところ任意に次のとおり供述した。
　　　　　　　平成〇〇年〇〇月〇〇日
　　　　　　　　　　　　　　　　　所　　　属　〇〇消防署
　　　　　　　　　　　　　　　　　階級・氏名　消防〇〇　〇〇　〇〇　印

住　　所	〇〇市〇〇区〇〇丁目〇〇番〇〇号
職業・氏名	〇〇〇　　U井　T子
生年月日・年齢	昭和〇〇年〇〇月〇〇日　　〇〇歳
火災との関係	出火建物等の（■占有者　□管理者　□所有者） ■発見者　■通報者　■初期消火者 □その他（　　　　）
質問年月日	平成〇〇年〇〇月〇〇日（〇）
質問場所	〇〇〇〇方

　先ほど起きた火事を見つけて、消してから通報したことについてお話しします。
　私が火事を見つけたのは、洗濯物を干しにベランダに出た時のことでした。
　変な臭いがしたのでベランダから下の方を見ると、マンションのごみ置場の扉が少し開いていて、そこから白い煙がもくもくと出ていました。
　この時、ごみ置場の周囲に人影はありませんでした。
　このマンションでは先日も火事騒ぎがありましたので、すぐに火事だと思い、部屋に居た夫のS男（〇〇歳）に知らせ、2人でごみ置場まで走って降りていきました。
　夫は〇階の通路に設置してある消火器を1本持っていきました。
　ごみ置場の扉は約〇〇センチメートル開いていましたので、私が引き戸の扉を大きく開くと、入って左側が〇〇センチメートル、右側は〇〇センチメートルの炎が上がっていました。
　夫は持ってきた消火器を左側の炎に向かって噴射し、続いて右側に向かって噴射しました。
　炎は収まりましたが、まだ燻っていました。
　私は、ごみ置場の外にある水道ホースを延ばして夫に渡し、夫が燻っている所に水を掛けていました。
　私は、ごみ置場から外に出ると、マンションの同じ階に住むH内さんのお嬢さんがいたので、携帯電話を借りて119番通報をしました。
　ベランダで火事に気が付いた時も119番通報をした時も時間は確認していません。
　ごみ置場は普段、鍵で施錠されています。鍵はマンション居住者しか持っていないと

> 思います。
> 　消火活動をした時は、私も主人もけがはしていません。

解説　本火災事例は、中学生の少年がライターで火を放った事例であり、少年が関係する火災調査の参考事例です。

　まず、火災と供述人の関係を明らかにします。

　出火時刻を推定するために、発見時の煙の色、現場を確認した時の延焼状況、通報までの時間経過（発見場所から現場までの距離、通報までの主な行動）を確認しています。

　出火箇所の判定の資料とするため、火災現場確認時のごみ置場内の延焼状況を確認しています。

　原因判定の資料とするため、出火したごみ置場の使用・管理状況、発見時の人影、初期消火活動中の現場の状況等を確認しています。

　火災に関係する負傷の有無を確認しています。

質問調書

質 問 調 書（第2回）

　平成○○年○○月○○日（○）○○時○○分頃、○○市○○区○○丁目○○番○○号で発生した火災について、次の関係者に質問したところ任意に次のとおり供述した。
　　　　　　　　　　　　　　平成○○年○○月○○日
　　　　　　　　　　　　　　　所　　属　○○消防署
　　　　　　　　　　　　　　　階級・氏名　消防○○　○○　○○　印

住　　　　所	○○市○○区○○丁目○○番○○号
職　業・氏　名	○○○　　　H村　T男
生年月日・年齢	昭和○○年○○月○○日　　○○歳
火災との関係	出火建物等の（■占有者　□管理者　□所有者） □発見者　□通報者　□初期消火者 ■その他（火災に関係する少年の父親）
質　問　年　月　日	平成○○年○○月○○日（○）
質　問　場　所	○○○○方

　○○月○○日に○○マンションで起きた火事について、長男のA男（○○歳）から話を聞きましたのでお話しします。
　私の家族は、妻のN子（○○歳）と長男のA男と次男のM男（○○歳）の4人家族です。
　子供たち2人は、○○市立○○中学校に通っています。
　A男は火事の前日、私の机の引き出しからライターを持ち出したと言っていました。
　机の中には数個のライターが入れてありますので、一つなくなったことには気が付きませんでした。
　火事のあった日は日曜日で学校が休みでしたので、A男は○時頃に妻からごみを出しにいくように言われ、屋外にあるごみ置場にいきましたが、この時、火をつけようと隠し持っていたライターを持っていったそうです。
　ごみ置場に入り、持っていったごみを置いた後、右側の束ねてあった新聞紙にライターで火をつけ、少し離れた左側にごみと一緒に置いてあった、束ねていない新聞紙にも火をつけたと言っています。
　マンションで火事があったことは知っていましたが、息子が火をつけたとは思ってもいませんでした。
　今日、警察に呼ばれて事情を聞かれた後で、警察官と一緒にマンションの管理人室で防犯カメラの映像を見て、火事の時にごみ置場から出てきたのは息子のA男だと確認し、本人に聞くと自分が火をつけたと言っていました。
　動機については、前日に母親に叱られたので、驚かそうと思いライターで火をつけた

> と言っていました。
>   火をつけた時にやけど等はしていません。
>   この度はご迷惑をお掛けして大変申し訳ございませんでした。二度とこのようなことがないようにいたします。

解説 本質問調書は、火災の原因に関係する少年の父親の供述を録取したものです。

少年から質問調書を録取するには、立会人を立てた上で少年から供述を求め、立会人の署名を求める方法と、事前に子供から聞いた話と同じ内容の供述を求める伝聞調書がありますが、任意性を担保するためにも親などの申出を尊重します。

本事例では、父親からの申出により伝聞調書の方式をとりましたが、調査担当者の上司も、該当者が出火場所の共同住宅に居住していることや所轄警察で指導を受けている状況などから、伝聞調書を考えていました。

火災と供述人の関係、行為者と供述人の関係を明らかにします。

発火源と推定されるライターの入手方法、火を放った時刻及び場所、着火物、動機などについて確認しています。

捜査機関は放火事件に対して動機が重要になると思いますが、消防の火災調査においては、放火は「経過」として調査し、動機については参考にする程度で、動機を追及して調査する必要はないでしょう。

しかし、この少年の場合は、火遊びとしてライターを用いていたものが火災の定義に該当する程度に燃焼が拡大したのか、理由（動機）があって火を放ったのかにより経過が違ってくるので、動機を確認しています。

例えば、学校内で付き合っていた相手にふられ、その腹いせに相手の持ち物数点に火を放った事例があった場合、その事例は経過を放火とします。

路上ごみ置場火災

・火災概要・

1　出火時刻・出火場所
　　平成○○年○○月○○日（○）○○時頃、○○市内の路上ごみ置場から発生
2　原　　因
　　ごみ袋内部のたばこの火種が紙屑類に着火して出火
3　り災程度
　　ごみ類を焼損
4　関係者
　　(1)　発見者……K原H男（○○歳）
　　(2)　通報者……M木R子（○○歳）

・例示している火災調査書類・

・　火災原因判定書
・　実況見分調書（第1回）

火災原因判定書

表記の火災について、次のとおり判定します。
出火日時　平成〇〇年〇〇月〇〇日（〇）〇〇時〇〇分頃
出火場所　〇〇市〇〇区〇〇町〇〇丁目〇〇番地
火 元 者　職業・氏名　〇〇〇　〇〇　〇〇

　　　　　　　　平成〇〇年〇〇月〇〇日
　　　　　　　　　　　　所　　属　〇〇消防署
　　　　　　　　　　　　階級・氏名　消防〇〇　〇〇　〇〇　印

発見状況	発見者　□占有者　□管理者　□所有者　■その他（通行人） 住所　〇〇市〇〇区〇〇町〇丁目〇番地〇〇 職業　〇〇〇　　　氏名　K原　H男（〇〇歳） 　K原H男は、自転車で通勤途上、路上のごみ置場から白煙が出ているのを目撃し、約100メートル通り過ぎてから振り返り、同ごみ置場を見たところ、炎が約50センチメートル上がっている本火災を発見した。
通報状況	通報者　□占有者　□管理者　□所有者　■その他（近隣住人） 住所　〇〇市〇〇区〇〇町〇丁目〇番地〇〇 職業　〇〇〇　　　氏名　M木　R子（〇〇歳） 　M木R子は、自宅台所で朝食の後片付けをしていたところ、K原の「火事だ」という声で、窓越しに外を見ると、ごみ置場から炎が上がっているのを見て、側にあった自身の携帯電話（〇〇〇-〇〇〇〇-〇〇〇〇）で「火事です。〇〇町〇丁目〇番地〇〇のM木ですが、家の前のごみ置場が燃えています」と119番通報した。
出火前の状況	火元　□建物　□車両（　　　　　　　）■その他（ごみ置場） 構造　□木造　□防火　□準耐（木）　□準耐（非木）　□耐火　■その他 用途　ごみ置場 **関係者の行動等** 　現場は付近住民がごみを出す公道上のごみ置場である。 　ごみの収集日は、月・金曜日が可燃ごみ、火曜日は資源ごみ、木曜日が不燃ごみの収集日であり、いずれの収集日も〇〇時〇〇分頃には収集されている。
出火日時	出火日時　　平成〇〇年〇〇月〇〇日（〇）　〇〇時〇〇分頃 推定理由 1　発見者のK原は白煙が上がっているごみ置場の前を自転車で通り過ぎ、約100メートル走行してから振り返り、同ごみ置場から炎が上がっているのを見て、「火事だ」と叫んでいる。 2　現場の道路向かいに居住するM木は、「火事だ」という声を聞き、窓越しに

	ごみ置場から炎が上がっているのを見て、携帯電話で119番通報し、この通報を○○が○○時○○分に受信している。
出火箇所	路上のごみ置場 判定理由 　本火災で焼損が認められるのは、公道上のごみ置場に置かれたごみ類のみであり、出火箇所は路上のごみ置場である。さらに、ごみ類は中央下部付近から扇形に焼損していることから、出火点はごみ類の中央下部付近と判定する。
出火原因判定の理由	1　火災現場は、火の気のない公道上のごみ置場であること。 2　火災現場は、出火時間が朝の通勤時間帯であることもあり、人の往来が多い場所であり、放火や子供の火遊びが考えにくいこと。 3　本火災は、ごみ置場中央下部から延焼拡大した様相を呈しており、火のついたたばこをごみ置場に捨てた場合、ごみの下部まで到達しにくい。 　また、投げ捨てた火のついたたばこがごみ類の上で無炎燃焼を継続し、下部まで燃え込むことは、人通りの多い時間帯の本火災現場では考えにくいこと。 4　ポリエチレン製の袋に紙屑とたばこの吸い殻が多数混在し焼損しているものが出火点付近で認められること。
結論	本火災は、何者かがごみ袋の中に火種が消えていないたばこの吸殻を紙屑類と一緒にポリエチレン製の袋に入れ、ごみ置場に置いたことから、時間の経過とともにたばこの火種が紙屑類に着火し、出火したものと判定する。

実況見分調書（第1回）

　表記の火災について、関係者の承諾を得て、り災状況を明らかにするため次のとおり見分した。

　　　　　　　　　　平成○○年○○月○○日
　　　　　　　　　　　　　　所　　　属　○○消防署
　　　　　　　　　　　　　　階級・氏名　消防○○　○○　○○　印

日　　　　時	平成○○年○○月○○日　○○時○○分開始 平成○○年○○月○○日　○○時○○分終了
場所及び物件等	○○市○○区○○町○○丁目○○番地○○
立　会　人	○○　○○（○○歳）

1　現場の位置及び付近の状況
　⑴　現場は、所轄○○消防署から西方へ直線距離○○○メートル、○○市○○小学校から東方へ○○○メートルに位置しており、南北に延びる幅員○メートルの公道上である。
　　　付近一帯は、防火構造建築物の専用住宅や中高層の共同住宅が立ち並んでいる住宅地域であり、都市計画法による用途地域は、第一種住居地域で、準防火地域に指定されている。
　　　消防水利は、現場を中心として半径100メートル以内に公設消火栓8基、公設防火水槽（100トン）2基が点在しており、水利は良好である（添付図1参照）。

2　現場の模様
　　現場を東側の公道上から見分すると、南北に延びる幅員○メートルの公道の西端から幅○○センチメートル、高さ約○○センチメートルから約○○センチメートルにわたり乱雑にごみが積み置かれている。
　　このごみ置場のごみ類を詳細に見分すると、北側には段ボール箱やごみの入ったポリバケツが置かれ、中央南寄りには透明のビニール袋に入っている生ごみ類が置かれており、その南側には束ねられた木片が置かれている（添付写真1参照）。
　　このごみ類は、中央南寄りに置かれた生ごみ類を中心として扇形に焼損している。
　　続いて、焼損の認められるごみ類を徐々に取り除きながら見分すると、木屑の焼損物が認められる（添付写真2参照）。
　　さらに、木屑の焼損物を取り除くと、ビニール製の袋がほぼ焼失し、その中に紙屑と多数のたばこの吸殻が混在しているのが認められる（添付写真3参照）。
　　次に、焼損の認められるごみ類を取り除き、公道のアスファルト面を見分するも焼損は認められない（添付写真4参照）。

〔図1、写真1～4について、本書では省略します。〕

事例 3 オーブントースター火災

・火災概要・

1　出火時刻・出火場所
　　平成○○年○○月○○日（○）○○時頃、○○市内の耐火構造○階建共同住宅から発生

2　原因
　　台所内のオーブントースターからの出火

3　り災程度
　　台所内の内壁、オーブントースター1基、バスタオル1枚を焼損

4　関係者
　　(1)　火元者……N村Y男（○○歳）
　　(2)　通報者……N村E子（○○歳）　実母
　　(3)　同居者……N村M男（○○歳）　実父

・例示している火災調査書類・

・　火災原因判定書
・　実況見分調書（第1回）

火災原因判定書

表記の火災について、次のとおり判定します。
出火日時　**平成○○年○○月○○日（○）○○時○○分頃**
出火場所　**○○市○○区○○町○○丁目○○番地○○
　　　　　○○**
火元者　職業・氏名　**○○○　N村　Y男**
　　　　　　　　　平成○○年○○月○○日
　　　　　　　　　　　　所　　　属　**○○消防署**
　　　　　　　　　　　　階級・氏名　**消防○○　○○　○○**　印

1　出火前の状況
　⑴　焼損建物は、○○市○○町○○丁目○○番○○号に居住する○○業S野G男（○○歳）が平成○○年○○月○○日に建築した耐火建築物○階建、建築面積○○○平方メートル、延べ面積○,○○○平方メートルの賃貸の共同住宅である。
　⑵　焼損した○○号室は、平成○○年○○月、火元者のN村Y男（○○歳）が家族○名で入居し、平成○○年○○月の妻の入院に伴い、火元者の両親が同居している。
　⑶　出火当日、火元者のY男は出張中で、Y男の実母E子（○○歳）が、○○時○○分頃家族の朝食を作ろうと、電気オーブントースター（以下「オーブントースター」という。）に鶏の手羽先を2本入れ、タイマースイッチを○○の位置に合わせて焼き始めた。
　⑷　E子はオーブントースターで手羽先を焼き始めてから約○分後にオーブントースターを見たところ、後部から約○センチメートルの高さに炎が上がっている本火災を発見している。
2　出火時刻の推定
　　出火前の状況に記載のとおり、出火当日、E子は○○時○○分頃、オーブントースターで手羽先を焼き始め、その約○分後にオーブントースターから炎が上がっている本火災を発見し、バスタオルを使用して初期消火をした際に両手に火傷をしており、浴槽内にバスタオルとオーブントースターを入れた後、夫M男（○○歳）の携帯電話で119番通報し救急要請をしている。
　　この通報を○○では、○○時○○分に覚知したものである。
　　以上、E子の行動及び現場の状況から考察して、本火災の出火時刻は救急要請を覚知した○○時○○分の○○分前、すなわち○○時○○分頃と推定する。
3　出火箇所の判定
　⑴　実況見分調書
　　ア　本火災で焼損が認められるのは、N村Y男方台所内の内壁、オーブントースター1基、バスタオル1枚だけであること。
　　イ　オーブントースターは内部に炭化物が付着しているほか、台所の内壁面はオー

事例3　オーブントースター火災　**237**

ブントースターを復元した状況で、オーブントースターの裏面の焼損箇所と内壁の焼損箇所が一致しており、当該オーブントースター内部から燃え広がった様相を呈していること。
　⑵　関係者の供述
　　　Ｎ村Ｅ子の質問調書〔略〕に記載のとおり、台所で朝食を作るために鶏の手羽先をオーブントースターで焼き始め、約〇分後にオーブントースター後方から炎が上がっているのを発見していること。
　⑶　結論
　　　以上のとおり、実況見分調書及び関係者の供述等から考察すると、本火災の出火箇所は台所内と判定する。
４　出火原因の判定
　　本火災は家人が台所のオーブントースターで調理中に出火したものであり、出火原因として考えられる内部放火及びオーブントースターについて検討する。
　⑴　内部放火について
　　　内部放火について、台所内で調理中のＥ子が火災を発見し、自ら消火活動を行い両手を火傷していることから、内部者による放火の可能性は考えられない。
　⑵　オーブントースターからの出火について
　　ア　オーブントースターのコード、プラグに断線や変形は認められず、実況見分時に通電が確認されている。
　　イ　オーブントースターは、外周部は裏面の一部の塗装が焼失しているのみであるのに比較して、内部は全面的に炭化物が付着しているほか、内部に付着している鶏の手羽先が炭化するほど焼損していることから、内部からの出火が考えられること。
　　ウ　出火当時、Ｅ子は手羽先を焼く際に、調理用トレイを使用していないことから、手羽先の油が下部の石英管に滴り落ちる可能性があり、石英管は使用開始から約〇分後に〇〇〇℃以上に達することから、調理中に手羽先の油が石英管に触れ発火した可能性は十分考えられること。
　　エ　Ｅ子の供述によると、オーブントースターは〇〇年〇〇月から〇〇年〇〇か月間清掃をしていないことから、内部には乾燥した食材等のカスが付着していたと考えられ、手羽先の油が石英管で発火し、さらに、底部に付着していた食材等のカスに着火する可能性があること。
５　結論
　　以上のことから、本火災はＮ村Ｅ子（〇〇歳）が、電気オーブントースターで朝食のおかずの鶏の手羽先２本を調理する際、油を受ける調理用トレイを使用しないで、手羽先を格子状の棚に直接載せて焼いたことから、手羽先の油が石英管ヒーターに滴り落ちて発火し、底部に付着していた食材等のカスに着火して出火したものと判定する。

実況見分調書（第1回）

表記の火災について、関係者の承諾を得て、り災状況を明らかにするため次のとおり見分した。

平成〇〇年〇〇月〇〇日
所　　属　〇〇消防署
階級・氏名　消防〇〇　〇〇　〇〇　印

日　　時	平成〇〇年〇〇月〇〇日　〇〇時〇〇分開始 平成〇〇年〇〇月〇〇日　〇〇時〇〇分終了
場所及び物件等	〇〇市〇〇区〇〇町〇〇丁目〇〇番地〇〇
立　会　人	N村　Y男（〇〇歳）

1　現場の位置及び付近の状況
　(1)　現場は、所轄〇〇消防署から北西方へ直線距離約〇〇〇メートル、〇〇〇病院から南東方へ直線距離約〇〇〇メートルの位置にあり、付近一帯は専用住宅及び複合用途建築物が立ち並ぶ準防火地域で、都市計画法に定める用途地域は、第2種住居地域に指定されている。
　　消防水利は、半径100メートル以内に公設消火栓が7基点在しており、水利は良好である（添付図1参照）。
　(2)　現場付近の状況は、焼損建物を中心として北側は、敷地内に設けられた幅〇メートルの植込みを介して奥行〇メートルの屋外駐車場及び幅員〇メートルの公道を隔てて防火構造建築物2階建の共同住宅、東側は幅員〇メートルの公道を隔てて耐火建築物3階建の共同住宅となっている。南側は幅員〇メートルの公道を隔てて防火構造建築物2階建の専用住宅、西側は幅〇メートルの植込み及び高さ〇メートルのブロック塀を介して〇メートルの位置に防火構造建築物2階建の共同住宅となっている（添付図1及び写真1参照）。
2　現場の模様
　本火災により焼損が認められるのは、耐火建築物〇階建の共同住宅1階〇〇号室の室内のみである。
　建物の概要を立会人のY男が示す確認申請書の写しにより確認すると、建築面積〇〇〇平方メートル、延べ面積〇,〇〇〇平方メートルで、〇〇号室の専有面積は〇〇平方メートルである。
　(1)　〇〇号室の玄関から室内に入り、室内の状況を見分する。
　　まず、玄関ドアの上方に電気の分電盤があり、30アンペアの電流制限器が「切」の位置となっている。
　　続いて、玄関から続く廊下を進みながら見分すると、廊下の西側は台所で東側が納戸となっている。さらに進むと台所の南側は食事室となり、その東側はトイレと

浴室となっており、その南側は東側が和室6畳間で、その西側は6畳大の洋室となっている。
　次に、各室に入り見分すると、浴室の水が張られている浴槽内に焼け焦げたタオル状のものが1枚とオーブントースターのような家電製品が1基認められるほか、台所内の内壁が若干焼損しているのが認められる。

(2) 浴室内の状況
　浴室内の水が張られている浴槽内から、タオル状のものと家電製品のようなものを取りだして見分すると、タオル状のものは、長辺〇〇センチメートル、短辺〇〇センチメートルのバスタオルであり、焼け焦げ箇所が点在しており、中央付近が一部焼失している。
　続いて、家電製品のようなものを取り出すと、高さ〇〇センチメートル、幅〇〇センチメートル、奥行き〇〇センチメートルのオーブントースターであることが確認できる。
　ここで、立会人のY男に浴槽内のバスタオルとオーブントースターについて説明を求めると、「バスタオルは実母のE子が初期消火活動に使用したもので、オーブントースターは台所にありましたが、燃えていたのでバスタオルで消した後で念のために浴槽内に入れたものです」と説明する。

(3) 台所の状況
　台所の南側出入口から台所内を見分すると、北側にアルミの格子が付いたアルミサッシの窓が設けられ、東側は内壁に沿って北から食器棚、米計量器、最上段に電子レンジが置かれているスチール製の三段ラック（以下「ラック」という。）の順に置かれている。
　西側は、北から二口のこんろ、流し台と続き、その上部にはレンジフードと木製の吊り戸棚が設置されており、流し台の南側には冷蔵庫が置かれている。
　続いて、台所内に入り詳細に見分する。東側の内壁に沿って置かれたラックを見分すると、2段目の棚には何も置かれていないが、東側の内壁が床から〇〇センチメートルの位置から高さ〇〇センチメートル、幅は〇センチメートルから〇センチメートルの大きさで焼損している。
　次に、ラックの棚板を見分すると、3段目の棚板が焼損しているのが認められる。
　ここで立会人のY男にラックの2段目について説明を求めると、「浴槽内にありましたオーブントースターを置いていました」と説明する。

3　オーブントースターの状況
　オーブントースターを食事室の床面に置き見分する。以下の見分はオーブントースターを正面から見て前後左右として見分する。
　オーブントースターは灰色塗装のものであり、接続されている器具付きコードとプラグには断線箇所や変形は認められない。
　次に、外周の上部を見分すると、中央付近が黒色に変色しているのが認められる。
　続いて、左右の側面を見分すると、左側の後部寄りが黒く変色している。

次に、オーブントースターを持ち上げて底部を見分すると、底板は中央部が清掃用に取り外し可能な構造であり、右寄りの部分が後方から半円状に焼損し塗装がはく離しているのが認められる。

　次に、オーブントースターを床面に置き裏面を見分すると、裏面は中央付近から半円状に塗装が焼失し、地金が露出しているのが認められる。

　正面を見分すると、左下に貼付されているメーカー名等から「○○」社製、型式番号「○○」であることが確認でき、右下にはタイマー付きのコック型のスイッチが付いており、コックの後部には「切・5・10・15」のメモリが記載されている。ここで、コックを右に回し、タイマーが作動していることを確認する。

　続いて、正面の扉を見分すると、扉はガラス製で、上方に開閉のためのつまみがある。

　扉のつまみを手前に引き扉を開け見分すると、ガラス製の扉の内側は煤が付着し黒くなっている。内部には格子状の棚があり、その上に炭化した棒状のものが2本認められ、上下に石英管のヒーターが各2本認められる。

　格子状の棚と棒状の炭化物2本を取り出して内部を見分すると、内部は底部に炭化物が堆積しており、全体が焼損し黒く煤けているほか、後ろ面の中央付近から半円状に塗装が焼失し地金が露出しているのが認められ、この位置は裏面の焼損箇所と同位置であることが確認できる。

　次に、先ほど取り出した棒状の炭化物を見分すると、大きさはともに長辺が○センチメートル、短辺が○センチメートルで、厚さが○センチメートルあり、手にとって詳細に見分すると、鶏の手羽先であることが確認できる。

　次に、立会人Y男の説明に基づき、オーブントースターをラックの2段目に戻し見分すると、オーブントースターの裏面の焼損箇所が台所の内壁面の煤け箇所と一致する。

　さらに、分電盤のブレーカーを戻し、オーブントースターのプラグを立会人Y男の説明に基づき、米計量器に設けられているコンセントに接続し、スイッチを右に回すと上下各2本の石英管が赤くなり、通電されていることが確認できる。

〔図1、写真1について、本書では省略します。〕

事例 4 こんろ火災

・火災概要・

1　出火時刻・出火場所
　　平成○○年○○月○○日（○）○○時頃、○○市内の店舗併用住宅から発生

2　原　因
　　こんろ上のボウルから出火

3　り災程度
　　1階天井裏の梁等、レンジフード1台、ダクト上の垂木3本を焼損

4　関係者
　(1)　火元者……U川M男（○○歳）
　(2)　所有者……同　　　上
　(3)　発見者……同　　　上
　(4)　通報者……同　　　上

・例示している火災調査書類・

・　実況見分調書（第1回）

※　本事例は、『事例でわかる火災調査書類の書き方』で参考資料として示している「火災の原因で上位を占める『こんろの使用放置』の火災原因判定書の例」の火災の実況見分調書です。

実況見分調書(第1回)

表記の火災について、関係者の承諾を得て、り災状況を明らかにするため次のとおり見分した。

平成〇〇年〇〇月〇〇日
所　　属　〇〇消防署
階級・氏名　消防〇〇　〇〇　〇〇　印

日　　時	平成〇〇年〇〇月〇〇日　〇〇時〇〇分開始 平成〇〇年〇〇月〇〇日　〇〇時〇〇分終了
場所及び物件等	〇〇市〇〇区〇〇町〇〇丁目〇〇番地〇〇
立　会　人	U川　M男（〇〇歳）

1　現場の位置及び付近の状況

　現場は、所轄〇〇消防署〇〇出張所から南西へ直線距離約〇〇〇メートル、〇〇急行電鉄株式会社〇〇線〇〇駅から南東へ直線距離約〇〇〇メートルに位置している。付近一帯は駅前商店街となり、飲食店や物品販売店が立ち並ぶ地域であり、都市計画法による用途地域は商業地域で準防火地域に指定されている。

　消防水利は現場を中心として半径100メートル以内に公設消火栓13基、公設防火水槽が1基敷設されており、水利は良好である。

2　現場の模様

　焼損建物は2棟あり、焼損状況は次表のとおりである。

　各建物に次表のとおり①②の番号を付し見分を進める。

番号	構造 階数	用途	建築面積	延べ面積	焼損面積等	所・占有者 職業・氏名
①	防火 2階	店舗併用 住宅	〇〇㎡	〇〇〇㎡	〇〇㎡	〇〇 飲食業 U川　M男 スナック 飲食業 〇〇　〇〇
②	耐火 3階	店舗併用 共同住宅	〇〇〇㎡	〇〇〇㎡	網戸1枚 排水管1m	〇〇業 〇〇　〇〇

(1)　焼損建物の状況

　①建物を中心として、北側は〇メートル離れて高さ〇.〇メートルのブロック塀を介し、西側は〇.〇メートル離れて高さ〇.〇メートルのブロック塀を介し、各々耐火建築物3階建の店舗併用共同住宅「〇〇ビル」となっている。東側と南側は公道となり、幅員は〇.〇メートルと〇.〇メートルである。

(2)　②建物について

実況見分調書

　　　②建物の外周部を南側公道から見分すると、②建物は、耐火造３階建店舗併用共同住宅である。
　　続いて、移動しながら各外周部を見分すると、東側の①建物に面した２階の窓に設置されている網戸１枚の一部が溶融しているほか、この上方に位置している直径約〇センチメートルの塩化ビニル製の排水管は、約〇〇センチメートルが茶色に変色し若干変形しているのが認められる。
(3)　①建物について
　　①建物の外周部を東側公道から見分すると、防火構造２階建で、東側公道に面した間口〇〇.〇メートル、奥行き〇.〇メートルで南北に分かれた棟割住宅であり、１階は各々店舗となり、北側はスナック「〇〇」で、南側は田舎料理「〇〇」の看板が認められる。
　　次に、移動しながら建物の外周部を見分すると、西側面は隣接建物と接しており近づくことはできないものの、１階の中央よりやや南側に位置している換気扇の吹出し口のカバーが茶褐色に変色しているのが認められるのみで、他に焼損や破損箇所は認められない。
　　また、南側の外壁にはガスのメーターが設置されているので確認すると、〇〇ガスのもので、ガスの種類は〇〇ガス〇〇であることが確認できる。
(4)　建物内部の状況
　ア　②建物の内部の状況
　　㋐　②建物の外周部で網戸１枚の一部が溶融している２階〇〇〇号室の玄関から室内に入り見分するも、各部屋に焼損は認められない。
　イ　①建物の内部の状況
　　㋐　スナック「〇〇」の内部の状況
　　　①建物の北側に位置するスナック「〇〇」の東側にある出入口から建物内に入り見分すると、１階はスナック、２階は居室となっている。間取りは添付図〇のとおりであり、焼損箇所は認められない。
　　㋑　田舎料理「〇〇」の内部の状況
　　　①建物南側に位置している田舎料理「〇〇」の東側にある出入口から店建物内に入り見分すると、１階は面積約〇〇平方メートルの広さの飲食店で、南側の約半分が客席、洗面室及びトイレとなっており、中央に東西に延びるカウンターを介して北側約半分が厨房となっている。
　　　まず、北西の位置にある２階へ上がる階段を見分すると、階段に焼損は認められない。そのまま２階に上がり２階を見分すると、中央に廊下とトイレがあり、廊下の西側は〇畳間の和室となり、廊下の東側は約〇〇平方メートルの洋室となっているが、焼損箇所は認められない。
　　　次に、１階に戻り、まず、移動しながら客席部分を見分すると、内壁、椅子やテーブルなどには焼損箇所はないが、客席部分の天井が約〇平方メートル開口し、その下の床面には天井材の石膏ボードが散乱しており、その中に直径〇メートル、厚さ〇.〇平方メートルの円柱形の木製の工作物が認められるため、立会人のＵ川に説明を求めると、「店の天井にあった照明器具です」と説明する。
　　　続いて、脚立を使いこの天井の開口部分から１階の天井裏を見分すると、

梁などの建築材が炭化しており、その範囲については、東側と南側は外壁の境まで、西側は階段付近まで、北側は厨房の上部までで、計測すると約○○平方メートルになる。炭化の状況は北側を除く三方は表面的であり、北側は一部亀甲模様が認められる。

　次に、カウンターの北側の厨房内に入り厨房内を見分すると、中央は○○センチメートルの通路となり、通路の北側には東から冷蔵庫、食器棚が置かれている。通路の南側は西の端から順にガス釜1個、1口のガスこんろ（以下「こんろ」という。）が2基置かれ、その東側は流し台となっており、西側のこんろに天ぷら鍋に蓋をしたものが置かれ、東側のこんろには炭化物が置かれているほか、冷蔵庫や食器棚などの収容物の上方や天井面に煤が付着している。

　厨房の西側の上部にはレンジフードが設けられている。その中に直径○○センチメートルのステンレス製の換気扇が設置されており、煤けているものの焼けは認められない（添付図○及び写真○～○参照）。

3　焼損状況

　田舎料理「○○」の1階厨房内の炭化物が置かれているこんろ付近を詳細に見分すると、こんろは2基とも直径○○センチメートル高さ○○センチメートルのユンケル式バーナーであり、メーカー及び型式は判別できないが、こんろのコックはいずれも閉じてある。

　2基あるこんろのうち、西側に置かれているこんろには直径○○センチメートルの天ぷら鍋に油が○センチメートル入ったものに蓋をしたものが置かれ、蓋の上には炭化物が若干付着しているのみで焼損は認められない。

　東側のこんろ上に認められる炭化物を見分すると、直径○○センチメートル、深さ○○センチメートルのステンレス製のボウルに炭化物が入っている。

　この炭化物をボウルから取り出し詳細に見分すると、黒色のカルメ焼き状のもので無臭である。

　次に、こんろの上方を見分すると、レンジフードがあり、レンジフードの縁にある木材が炭化しているのが認められる。

　続いて、レンジフード内を見分すると、レンジフードの天板の中央付近及びレンジフード内に取り付けられている換気扇の金属製の羽は赤褐色に変色している。レンジフード内の側面は黄褐色に変色し、油の付着が認められる。

　また、レンジフード内に延びている換気扇の電源コードを見分すると、電源コードの絶縁被覆が溶融しているのみで断線は認められない。

　次に、レンジフードの上方を確認するため、2階に上がり、レンジフードの上方にあたる和室の畳及び床板を外し見分すると、レンジフードの換気扇から立ち上がるステンレス製のダクトが白く変色しているのが認められる。

　この、ダクトの上に位置している3本の垂木を見分すると、外壁に近い西側の垂木は東寄りが亀甲模様状に炭化しているが、西寄りに焼損はない。中央の垂木はダクトに面する下側のみ炭化しており、東側の垂木は炭化が著しく、一部は焼け細り原形をとどめていない。

〔図、写真について、本書では省略します。〕

資料

物の数え方について

　物の数え方につきましては、インターネットで助数詞を検索すればすぐに分かりますが、ここでは、火災調査（実況見分調書の作成時など）に際して注意する点などを説明しますので参考にしてください。

　新聞紙は、バラバラになっている場合は1枚、2枚と「枚」を使いますが、朝刊や夕刊のように一つのセットになっているものは1部、2部と「部」を使うように、状態により数え方が違います。また、「たばこ」のようにバラバラの場合は1本、2本と「本」を使い、箱に入っている場合は1箱、2箱と「箱」を使い数えるなど、同じ物でも火災現場ごとに数え方が違ってくることもあります。

状態などにより数え方が違う例
布団　　　枚、組、揃い
衣類　　　着、揃い（Tシャツなどは枚）
箸　　　　本、膳、揃い
鉛筆　　　本、ダース
紙類　　　枚、葉、束、締め、帖
のり　　　枚、帖
畳　　　　枚、畳（部屋の大きさなどを表現するとき）
薬　　　　錠、服
線香、ろうそく　本、箱、束

　たんすのように本、棹、竿、台、重、組、合、基といろいろな助数詞を用いる場合は、文化財のように特別なものを除き、現在使われている一般的なものを使用する方が分かりやすく、間違いもなくなります（文化財の場合は「基」を使います。）。

火災種別ごとにみる火災調査書類作成例

平成28年7月10日　初　版　発　行
令和4年6月1日　初版6刷発行

編　著　　調査実務研究会
発行者　　星　沢　卓　也
発行所　　東京法令出版株式会社

112-0002	東京都文京区小石川5丁目17番3号	03(5803)3304
534-0024	大阪市都島区東野田町1丁目17番12号	06(6355)5226
062-0902	札幌市豊平区豊平2条5丁目1番27号	011(822)8811
980-0012	仙台市青葉区錦町1丁目1番10号	022(216)5871
460-0003	名古屋市中区錦1丁目6番34号	052(218)5552
730-0005	広島市中区西白島町11番9号	082(212)0888
810-0011	福岡市中央区高砂2丁目13番22号	092(533)1588
380-8688	長野市南千歳町1005番地	

〔営業〕TEL 026(224)5411　FAX 026(224)5419
〔編集〕TEL 026(224)5412　FAX 026(224)5439
https://www.tokyo-horei.co.jp/

©Printed in Japan, 2016

本書の全部又は一部の複写、複製及び磁気又は光記録媒体への入力等は、著作権法上での例外を除き禁じられています。これらの許諾については、当社までご照会ください。
落丁本・乱丁本はお取替えいたします。

ISBN978-4-8090-2411-5